新时代智库出版的领跑者

国家智库报告　国际·2025

National Think Tank

世界各国北极政策研究

Research on Arctic Policies of Various Countries in the World

郭金峰　著

中国社会科学出版社

图书在版编目（CIP）数据

世界各国北极政策研究／郭金峰著. -- 北京：中国社会科学出版社，2025.3. --（国家智库报告）.
ISBN 978-7-5227-4408-7

Ⅰ．D801

中国国家版本馆 CIP 数据核字第 2024MU6775 号

出 版 人	赵剑英
项目统筹	喻　苗
责任编辑	范晨星
责任校对	韩天炜
责任印制	李寡寡

出　　版	中国社会科学出版社
社　　址	北京鼓楼西大街甲 158 号
邮　　编	100720
网　　址	http：／／www.csspw.cn
发 行 部	010-84083685
门 市 部	010-84029450
经　　销	新华书店及其他书店

印刷装订	北京君升印刷有限公司
版　　次	2025 年 3 月第 1 版
印　　次	2025 年 3 月第 1 次印刷

开　　本	787×1092　1/16
印　　张	12.25
插　　页	2
字　　数	160 千字
定　　价	68.00 元

凡购买中国社会科学出版社图书，如有质量问题请与本社营销中心联系调换
电话：010-84083683
版权所有　侵权必究

摘要： 全球气候变暖正在改变北极地区的地缘政治现状，使得北极地区在全球格局中的地缘政治价值、军事价值、交通价值、经济价值、科研价值等战略价值逐渐释放，使北极地区在世界范围内形成一个新的利益与权力空间，国际社会对北极地区新增利益与权力进行分配，构成以北极事务为形式的国际政治，在全球政治格局中初步形成了一个北极地缘政治板块，构成一个崭新的北极政治空间。北极地区利益与权力的上升，将大大加强北极地区内部以及北极地区与世界其他地区之间的政治关系。对北极利益与权力的分配，不仅将加强北极各国之间的互动，也将加强北极地区与世界其他地区之间的关联与互动。北极政治的地位无论在区域层面还是全球层面都将上升。北极地区在世界政治格局中的地位有了明显的提升，北极事务在全球国际关系中的份额有所增加，对世界政治的影响逐步显现，北极地区逐渐发展成为世界范围内的一个特色鲜明的地缘政治板块。

近年来，由于北极地区域内国家之间竞争与合作关系的快速推进、域外国家和其他国际行为体的积极参与等原因，北极地缘政治关系正处在快速变动之中，这些变化不仅发生在北极地区内部，同时还蔓延到世界上更广泛的其他地区。在围绕北极事务的国际关系中，北极地区之内的、北极地区与世界上其他地区之间的地缘战略互动关系呈现加强趋势。来自全球范围内的多种不同类型的国际行为体越来越积极地参与北极事务，同时，涉及的领域也越来越宽泛，包括主权利益、军事、战略安全、资源开发、航道利用、环境保护、全球治理，等等。北极国际关系所覆盖的范围已经大大超越北极的地域范围。北极地区国际关系逐步显现出多样性、多元化、复杂性的发展趋势。如果北冰洋以及其他北极区域的升温足以导致北极资源和北极航道进入实质性开发利用阶段的话，北极地区在全球政治中的地位将可能发生"跃进式"的上升，北极将发展为世界政治结构中一个特色鲜明的新兴板块。

随着北极地区国际地位的不断提升，世界各国相继出台了专门的北极政策措施，指导本国与北极地区的联系和发展。中国作为一个近北极国家，同北极地区有着千丝万缕的联系和纷繁复杂的相互影响，有着不可分割的利益关系。2018年1月26日，中国正式发布了《中国的北极政策》白皮书，详细阐明了中国对待北极的政策、立场、观点和措施，为今后中国与北极地区关系的发展指明了方向。本报告主要介绍了北极地区的概况，分析了环北极地区八个国家和北极域外国家以及国际组织的北极战略、政策、原则和措施等，全面论述了当前各国的北极政策措施，对于我们了解和研究北极问题具有极其重要的理论价值和现实意义。

北极事务研究具有独特性、复杂性、专业性和不确定性的特点，涉及国家和地区广泛，领域丰富，是一个复杂的系统工程。本报告旨在向读者阐明各国北极事务的基本政策，让读者对各国北极政策有初步的了解和掌握，为今后中国北极地区的研究提供一定的参考和依据。

关键词：北极政策；环北极国家；域外国家；基本政策；战略措施

Abstract: Global warming is changing the geopolitical status of the Arctic region, gradually releasing the geopolitical value, military value, transportation value, economic value, scientific research value and other strategic values of the Arctic region in the global pattern, forming a new space for interests and power in the Arctic region all over the world, and the international community distributes the new interests and power in the Arctic region, International Politics in the form of Arctic affairs has initially formed an Arctic geopolitical plate in the global political pattern, forming a new Arctic political space. The rise of interests and power in the Arctic region will greatly strengthen the political relations within the Arctic region and between the Arctic region and the rest of the world. The distribution of Arctic interests and power will not only strengthen the interaction among Arctic countries, but also strengthen the connection and interaction between the Arctic region and the rest of the world. The status of Arctic politics will rise at both the regional and global levels. The status of the Arctic region in the world political pattern has been significantly improved, the share of Arctic affairs in global international relations has increased, and its impact on world politics has gradually emerged. The Arctic region has gradually developed into a distinctive geopolitical plate in the world.

In recent years, due to the rapid promotion of competition and cooperation among countries in the Arctic region and the active participation of extraterritorial countries and other international actors, Arctic geopolitical relations are undergoing rapid changes, which not only occur within the Arctic region, but also spread to other regions in the world. In the international relations around Arctic affairs, the geostrategic interaction within the Arctic region and between the Arctic region and other regions in the world shows a strengthening trend. Many different types of international actors from all over the world are more and more actively participating in Arctic affairs. At the same time, they are also involved in more and more broad fields, including sovereign interests, military, strategic security, resource development, channel utilization, environmental protection, global governance, and so on. The scope of international relations in the Arctic has greatly exceeded the geographical scope of the Arctic. International Relations in the Arctic region have gradually shown a trend of diversity, diversification and complexity. If the warming of the Arctic Ocean and other Arctic regions is enough to lead to the substantive development and utilization of Arctic resources and Arctic channels, the status of the Arctic region in global politics may rise "by leaps and bounds", and the Arctic will develop into an emerging plate with distinctive characteristics in the world political structure.

With the continuous improvement of the international status of the Arctic region, countries all over the world have issued special Arctic policies and measures to guide their contact and development with the Arctic region. As a near Arctic country, China has inextricably linked and complex interaction with the Arctic region, and has an inseparable interest relationship. On January 26, 2018, China officially released the white paper "China's Arctic policy", which elaborated China's policies, positions, views and measures towards the Arctic, pointing out the direction for the development of China's relations with the Arctic in the future. This report mainly introduces the general situation of the Arctic region, analyzes the Arctic strategies, policies, principles and measures of eight countries around the Arctic region, countries outside the Arctic region and international organizations, and comprehensively discusses the current

Arctic policies and measures of various countries, which has important practical significance and theoretical value for us to understand and study the Arctic problem.

The study of Arctic affairs is unique, complex, professional and uncertain. It involves a wide range of countries and regions and rich fields. It isa complex system engineering. This report aims to clarify the basic policies of various countries on Arctic affairs to readers, so that readers can have a preliminary understanding and mastery of various countries' Arctic policies, and provide some reference and basis for future research in China's Arctic region.

Key Words: Arctic policy; Circumpolar countries; Extraterritorial countries; Basic policy; Strategic measures

目　　录

一　北极与中国 ………………………………………（1）
　（一）北极概况介绍 …………………………………（1）
　（二）中国的北极政策 ………………………………（12）

二　环北极国家北极政策 ……………………………（29）
　（一）加拿大的北极政策 ……………………………（29）
　（二）丹麦的北极政策 ………………………………（36）
　（三）芬兰的北极政策 ………………………………（42）
　（四）冰岛的北极政策 ………………………………（48）
　（五）挪威的北极政策 ………………………………（54）
　（六）俄罗斯的北极政策 ……………………………（63）
　（七）瑞典的北极政策 ………………………………（83）
　（八）美国的北极政策 ………………………………（90）

三　域外国家和国际组织的北极政策 ………………（106）
　（一）法国的北极政策 ………………………………（106）
　（二）德国的北极政策 ………………………………（111）
　（三）意大利的北极政策 ……………………………（119）
　（四）印度的北极政策 ………………………………（125）
　（五）日本的北极政策 ………………………………（129）
　（六）荷兰的北极政策 ………………………………（134）

（七）波兰的北极政策 …………………………………（140）
（八）新加坡的北极政策 ………………………………（145）
（九）西班牙的北极政策 ………………………………（150）
（十）英国的北极政策 …………………………………（154）
（十一）韩国的北极政策 ………………………………（164）
（十二）北约的北极政策 ………………………………（167）
（十三）欧盟的北极政策 ………………………………（170）

参考文献 ………………………………………………（176）

后　记 …………………………………………………（185）

一　北极与中国

（一）北极概况介绍

近年来，全球气候变暖，北极冰雪融化加速。在经济全球化、区域一体化不断深入发展的背景下，北极在地缘政治、经济、科研、环保、航道、资源等方面的价值不断提升，受到国际社会的普遍关注。北极地区已超出北极地区国家和区域问题的范畴，而是关系到国际社会的整体利益和人类生存与发展的共同命运，具有全球战略意义和重要影响。

1. 北极地区的地理界定、经济社会特征、资源以及生态环境
（1）地理界定

科学家们在研究北极问题时，将北纬66°34′平行或环绕地球的纬度线作为边界，将该纬度线以北的区域称为北极区域或北极圈内地区。这部分区域由北冰洋以及周边陆地组成，其中陆地部分包括了美国、加拿大、俄罗斯、挪威、瑞典、芬兰的北部地区，以及格陵兰和冰岛以北约40千米的格里姆塞（Grimsey）岛。此时地理意义上的北极地区的总面积是2100万平方公里，约占地球总面积的1/25；其中陆地部分占800万平方公里；北冰洋及附近海域约1470万平方公里。因而，北极地区的范围一般以地理学定义为主，泛指北纬60°以北包括海洋的广大区域。八个有领土的位于北极地区的国家分别是加拿大、

美国、俄罗斯、丹麦（格陵兰岛）、冰岛、挪威、瑞典和芬兰，这八个国家就是通常所称的"北极国家"。北冰洋的海岸线不仅类型多，而且较曲折；宽阔的陆架区发育出许多浅水边缘海和海湾。此外，北极海域与其他海域最大的不同就在于它表面的绝大部分终年被海冰覆盖。北冰洋海冰（Sea Ice）平均厚度为3米，冬季覆盖海洋总面积的73%，约有1000万—1100万平方公里；夏季覆盖53%，约有750万—800万平方公里。位于北冰洋中央的海冰已持续存在300万年，属永久性海冰。因此，北冰洋是地球上不折不扣、唯一的"白色海洋"。

北极的三条主要航道包括：西北航道（横穿加拿大北极群岛、连接大西洋和太平洋）、东北航道（经俄罗斯北部水域连接大西洋和太平洋）以及中央航道（加拿大丘吉尔港至俄罗斯摩尔曼斯克），其中东北航道已经实现了夏季可通航。由于全球气候变暖，据估计，将来东北航道可实现全年通航。未来的北极航道特别是"东北航道"，既是一条洲际海上通衢，也是北极地区内部（在俄罗斯可能还是其国家内部）的重要运输渠道，它们将在北极地区的产业活动和经济发展中率先发挥交通运输的商业价值。

（2）经济社会特征

北极陆地和岛屿早有人类居住，包括最早迁徙到此的原住民和后来的部分欧洲、美洲移民。其中，原住民有超过200万人，分布在各个北极国家北纬60°以北地区且按区域划分的界限十分清晰。主要语族可分为20多个民族，具代表性的有印第安人、因纽特人、阿留申人、萨米人，以及俄罗斯地区的一些北方少数民族：萨米人、涅涅茨人、汉特人、塞库普人、埃内茨人、恩加纳桑人、楚科奇人、丘万人等。

在北极各国行政区域中，加拿大魁北克省的努纳维克地区、俄罗斯的埃文基自治区和科米共和国几乎全部由北极土著民族居住；丹麦格陵兰、加拿大努纳维特地区均以因纽特人为主要居民，达到 85% 以上；加拿大和美国北极地区原住民主要是印第安人和因纽特人；俄罗斯萨哈（雅库特）共和国也以北方少数民族为主（60%）；挪威北部的芬马克郡居住着较多的萨米族人，达到该区域人口的 45%。北极地区经济活动相对单一，工业经济部门主要以开采自然原料为主，包括矿业和油气开采、捕捞等，辅以原材料加工、建造、运输等产业。以狩猎、捕鱼和驯养为主的传统农业依然是一些自治地区居民，特别是原住民人口的主要生活来源，随着北极人类活动的增多，以贸易、旅游、教育为主要方面的社会服务业在北极地区逐渐兴起。

（3）资源

在北极地区发育的 35 个沉积盆地中，13 个盆地内已发现油气田。截至 2014 年年底，北极地区共发现油气田 426 个，其中油田 228 个、气田 198 个；累计探明和控制石油储量 $65.62 \times 10^8 t$、天然气储量 $33.71 \times 10^{12} m^3$ 和凝析油储量 $9.47 \times 10^8 t$，合计 $345.75 \times 10^8 t$ 油当量；在北极地区已发现的油气储量中，石油储量占油气总储量的 19.0%，天然气占 78.3%，凝析油占 2.7%，因此北极是一个以气占绝对优势的油气区。特大和大油气田主要分布于西西伯利亚盆地、阿拉斯加北坡盆地、东巴伦支盆地和季曼—伯朝拉盆地，特别是西西伯利亚盆地，因此这些盆地的油气储量占了北极已发现油气储量的绝大部分，合计占北极总量的 94.6%。在北极地区已发现的油气田中，74.2% 分布于陆上地区，25.8% 分布于海域。

北极有着丰富的稀土资源。目前测算北极地区的稀土氧化物资源大约 1.27 亿吨，是除中国以外稀土储量较多的地区。俄罗斯北极地区稀土储量 7226 万吨，列全球第二。格陵兰岛和加拿大北极地区的稀土储量分别为 4169 万吨和 1413 万吨，列全球第五和第六位。此外，瑞典拉普兰的稀土储量也进入全球前十位。

北极具有丰富的水电、风电、太阳能光伏发电以及地热能等可再生资源，可供电力、取暖及交通的使用。北极目前开发的主要是水电，分布在北极的各个地区，装机容量达到80吉瓦，是可再生电力的主要来源。北极地区风电资源尤其丰富，开发潜力巨大。中国国家电网公司发布的《北极风电资源及开发研究》报告显示：白令海、楚科奇海、巴伦支海、格陵兰岛、喀拉海最具开发潜力。环北极地区六国处于沿海或位于北冰洋，常年风速较高，年理论发电量、年技术可开发量分别占全球风能资源的18.5%和17.2%。北极地区风电技术可开发容量为110.6×108千瓦，其中陆地73.1×108千瓦，海域37.5×108千瓦。

北极在氢能利用方面的最大优势，就是利用北极丰富的未开发的可再生能源生产绿色氢能，并通过液化、氨化等技术手段，把北极的氢能源运输到世界各地，增加全球氢能的供给。冰岛和挪威正在考虑利用过剩水电及其具有巨大开发潜力风能、地热能等可再生能源生产绿色氢能，为全球输送绿色氢能。

北极地区的天然气及天然气液储量极为丰富，无论是天然气还是稀土、可再生能源和氢能都可持续开发和利用，对未来全球能源的清洁化转型具有重要的意义，将会在能源转型中发挥关键作用。

（4）生态环境

北极地区处于高纬地区，常年被大量的海冰覆盖，年平均日照量小，气候特点为持续低温、年气温变化幅度相对较少。冬季时以持续黑夜、气候寒冷和稳定、天空晴朗为特征；夏季则出现持续的白昼、潮湿和多雾、弱暴风天气，伴有降雨和降雪。北极环境是独特的、复杂的，环境变化具有"多米诺骨牌效应"，大气、海洋、陆地、冰雪和生物各圈层之间相互联系，形成了一个高度精密的、不可分割的整体。作为全球气候环境的一部分，北极环境变化会对全球气候环境产生影响，反过来全球气候环境的变化又会对北极环境产生影响。

北极地区作为大气和海洋循环的最终方向，放射性污染物、有毒污染物和酸性污染物将最终被洋流和大气循环带入北极。由于北极极端低温的环境，这些污染物不断聚集、沉积在北极，并通过生物链富集在北极环境海洋微生物和海鸟的肌肉和血液中，并最终成为北极地区居住人群主要的食物来源。在挪威斯瓦尔巴特群岛和俄罗斯弗朗兹约瑟冰川地区的北极熊的脂肪和血液中，已检出了很高的多氯联苯物质，目前已有部分北极熊、海豹和海象出现了脱毛和皮肤溃烂的症状。最新研究表明，该物质会对人体免疫系统和再生系统产生负面影响。[1] 污染物回旋的特点为北极环境治理带来了难题。

北极海域和广阔的北极苔原冻土地带是全球最大的二氧化碳穴。大气中绝大部分二氧化碳是通过海洋的物理生化过程被同化吸收的，然而目前北极海域的实际吸收能力却只占理论能力的一半，究竟是何原因限制北极海域浮游生物充分利用营养进而大量繁殖尚不清楚。此外，北极冻土内融入了大量的甲烷，甲烷气体与等量的二氧化碳相比，增温效果要高20倍左右。一旦气候变暖，大量的甲烷气体将从冻土中融化释放，造成全球温度在未来15年到35年内升高2摄氏度左右，有可能导致极端天气增多以及农作物产量受到影响，沿海低地被淹没、海水倒灌等，并对欧洲、亚洲、非洲以及南美地区造成损害。

北极环境修复能力差，容量有限，对外界人为干扰的敏感性极强，稳定性差。寒冷的气温和缓慢的光合作用导致污染物难以在北极被分解。随着气候变暖，含有大量冰和土壤的冻土不断融化，使得开采油气的基础设施冻胀和融沉，石油泄露的概率极大。由于北极独特的生态环境，石油泄漏所造成的环境

---

[1] David L. Downie and Terry Fenge., *In Northern Lights Against POPs: Combating Toxic Threats in the Arctic*, Montreal: McGill Queen's University Press, 2003, p76.

损害比在其他区域的损害更为严重。

2. 北极地区地缘政治经济现状

国际社会普遍认为，沿北极圈分布的俄罗斯、加拿大、美国、挪威、丹麦、冰岛、瑞典和芬兰八国为环北极国家，简称北极国家。北冰洋由于其独特的自然环境，气候严寒，长期被冰雪覆盖，大量资源未得到开发，被称为"地球上最后一块未被开发的堡垒""地球最后的宝库"。北冰洋沿岸国拥有内水、领海、毗连区、专属经济区和大陆架等管辖海域，北冰洋中还有公海和国际海底区域。在国际法语境下，北极包括欧洲、亚洲和北美洲的毗邻北冰洋的北方大陆和相关岛屿，以及北冰洋中的国家管辖范围内海域、公海和国际海底区域。北极事务没有统一适用的单一国际条约，它由《联合国宪章》《联合国海洋法公约》《斯匹次卑尔根群岛条约》等国际条约和一般国际法予以规范。北极域外国家在北极不享有领土主权，但依据《联合国海洋法公约》等国际条约和一般国际法在北冰洋公海等海域享有科研、航行、飞越、捕鱼、铺设海底电缆和管道等权利，在国际海底区域享有资源勘探和开发等权利。此外，《斯匹次卑尔根群岛条约》缔约国有权自由进出北极特定区域，并依法在该特定区域内平等享有开展科研以及从事生产和商业活动的权利，包括狩猎、捕鱼、采矿等。

北极具有独特的自然环境和丰富的资源，大部分海域常年被冰层覆盖。当前，北极自然环境正经历快速变化。过去30多年间，北极地区温度上升，使北极夏季海冰持续减少。据科学家预测，北极海域可能在21世纪中叶甚至更早出现季节性无冰现象。北极冰雪融化不仅导致北极自然环境变化，而且可能引发气候变暖加速、海平面上升、极端天气现象增多、生物多样性受损等全球性问题。同时可能逐步改变北极开发利用的条件，为各国商业利用北极航道和开发北极资源提供机遇。北极的商业开发利用不仅将对全球航运、国际贸易和世界能源供应格局产生重要影响，对北极的经济社会发展带来巨大变化，对北极居民和土著人的生产和生活方式产生重要影响，还可能对北极生态环境造成潜在威胁。

北极国家的共同利益随北极升温而增长，处理和应对北极事务的合作需求增多，将有力推动北极区域化发展。北极地区的地缘政治经济价值主要表现在经济、航运、军事价值和生态方面。随着人类陆地活动范围的不断扩大和活动强度的持续加深，各国纷纷将视野转向海洋。

北极各国的地缘政治地位与条件存在差异，各国具有自身利益考虑。在地理位置、国家大小强弱、在北极地缘政治格局中的地位、在北极地区的具体利益等方面，北极八国存在一定的差异，不同的国家出于自身利益需要存在不同的战略选择。大国与中小国家之间、北冰洋沿岸国与非沿岸国之间、北极航道所在国与其他国家之间、俄罗斯与北约国家之间利益不一致，相互矛盾无法回避，域内国家之间的竞争客观存在。由于域内各国在格局中的地位不同，各国采取的战略与政策就不一样。部分大国或强国在北极事务中的主导性强，希望将北极事务控制在北极地区范围之内，不愿分散对北极事务的影响力。俄罗斯与美国在北极事务中始终保持着大国与强国地位。其中，俄罗斯的北极大国地位相对稳定，而美国也在逐步加强在北极的威慑力和影响力。俄罗斯与美国作为北极大国与强国对北极地缘战略关系的影响明显超越其他北极国家。然而，传统大国已经不能完全垄断北极战略关系，中小国家正在争取自己的一席之地。北欧地区北极国家之间的合作正在加强。

近年来，随着北极地区外国家行为体，特别是北极地区周边近北极国家或集团关注和参与北极事务，北极地区内外之间的关系反而越发微妙。北极域内外国家之间的相互战略需求是北极事务中跨区域层面地缘战略关系发展的重要动力。北极国家对北极地区外国家的合作需求是显而易见的,尤其是对域外国家在应对气候变化、环境保护、科学研究、社会经济发展等领域的合作需求方面,这些是北极地区的整体性需要和北极各国的普遍性需要。而在经济、贸易、外交、政治等利益方面,北极地区内的大国与小国之间、强国与弱国之间的利益也是不一致的,相对弱小的国家对区域外的合作需求可能更大一些。北极地区域内国家与域外国家具有共同利益,这些共同利益推动北极地区与世界其他地区的地缘政治关系发展。从北极地区外各国的基本态度来看,域外国家尊重北极国家的主权,尊重《联合国海洋法公约》等国际法律制度,寻求的是有限的合理权益。域外国家与域内国家的共同利益要远远大于利益分歧。

由于北极地区域内国家之间竞争与合作关系的快速推进、域外国家和其他国际行为体的积极参与等原因,北极地缘政治关系出现了一些新的发展和变化。这些变化不仅发生在北极地区内部,同时还蔓延到世界上更广泛的其他地区。在围绕北极事务的国际关系中,北极地区之内的、北极地区与世界上其他地区之间的地缘战略互动关系呈现加强趋势。在北极地区国际行为体多样性发展的同时,主权国家仍然是塑造北极地缘政治最主要的行为体。北极纷争中的有关国家在使用多种手段竞争的同时,都在进行军事准备,以军事力量为基础支持地缘政治目的。

在北极地缘政治格局中,国家行为体之间的相互矛盾是不可避免的,这些矛盾既包括北极地区内国家之间的矛盾,也包括北极国家与北极地区之外其他国家之间的矛盾。北极地区内、外国家之间的矛盾与竞争将长期存在,域内矛盾和域内外矛盾相互交织、相互影响,这些矛盾的发展与变化将影响到未来与北极事务相关的地缘战略关系。从未来中长期趋势来看,北极地区在传统安全领域发生大规模冲突的可能性在总体上被限制在极小范围内。其根本原因在于,俄美、俄欧之间都无意在北极地区爆发大规模冲突，另外，可能导致国际冲突的最敏感的领土、海域争议等地缘政治因素正在通过谈判、协商以及法律途径寻求解决方案，北极事务的发展方向是"求和"。从今后的长期趋势来看，北极地缘战略关系在传统安全层面的发展方向将主要是"求稳"，在非传统安全层面则可以"求发展"。

3. 北极理事会

1996年9月16日，环北极八国在加拿大渥太华举行的部长级会议上华通过了《渥太华宣言》，标志着北极理事会正式成立。2011年5月在格陵兰努克召开的第七次部长会议决定，建立理事会的常设秘书处，以加强理事会的运转和功能。该理事会是北极八国组成的政府间论坛，是一个环北极国家组成的国际论坛，其宗旨是保护北极地区的环境，促进该地区在经济、社会和福利方面的持续发展，是北极地区影响力最大的国际合作组织。理事会决策机构是部长级会议，每两年召开一次；理事会执行机构是高官会，每年召开两次会议。理事会八个成员国轮流担任主席国，任期两年。2021年5月俄罗斯接任北极理事会主席国，任期两年。

北极理事会的组织成员分为三类，它们分别是正式成员、永久参与方和观察员。正式成员指环北极八国，理事会的所有权利都需要环北极八国的一致同意；永久参与方是指一些原住民组织，享有参与理事会各种会议和活动的权利，不享有决策权；观察员可以是非北极国家，也可以是全球或区域的政府间国际组织、议会间组织及非政府组织。观察员可以出席会议和参与讨论，但没有表决权，理事会会议不需要事先咨询他们的意见。根据《渥太华宣言》，北极土著居民团体是理事会的永久参与方。其他的原住民团体只要符合理事会标准也可以成为永久参与方。此外他们可以参与理事会的所有活动和会议，北极理事会做出决议之前需要与永久参与方进行协商，但后者没有投票的权力。当前已经成为理事会永久参与方的原住民组织主要有：因纽特人北极圈大会（Inuit Circumpolar Conference，ICC）、萨米人理事会（the Saami Council）、俄罗斯北方土著人民协会（Russian Association of Indigenous Peoples of the North，RAIPON）、阿留申国际协会（Aleut International Association，AIA）、北极阿萨巴斯卡理事会（Arctic Athabaskan Council，AAC）和哥威迅国际协会（Gwich'in Council International，GCI）。

北极理事会的决议由高官会议讨论决定。高官会议（Senior Arctic Officials，SAO）每六个月举行一次，北极八国派高层代表（领事或者资深外交官）参加会议。主席国两年任期快要结束的时候会主持召开部长级会议，八个成员国的外交部长、北方事务部长或环境部长都会出席。每次部长级会议之后都要发表宣言，宣言主要对北极理事会近两年的工作进行总结，同时对下一阶段的工作做出规划。并且"北极理事会及其附属机构和高官会议上做出的所有决议都必须由北极八国一致同意才能生效"，"永久参与方可以派代表参与他们认为有必要参与的所有活动和会议，在这一方面具有与北极成员国相同的权利"。①

北极理事会作为一个政府间高级论坛，其组织目标是：就一般北极事务尤其是可持续发展和环境保护事务给极地国家和北极居民（尤其是原住民）提供一个合作、协调、互动的场所和方法；管理、协调北极环境保护战略成立的项目小组，包括北极监测和评估项目小组（AMAP）、保护北极植物和动物群落项目小组（CAFF）、保护北极海洋环境项目小组（PAME），突发事件预防、准备和反应小组（EPPR）；组织协调一个可持续

---

① Arctic Council Rules of Procedure，http://cil.nus.edu.sg/wp/wp-content/uploads/2014/06/2013_Arctic_Council_Rules_of_Procedure_Revised.pdf，2015年3月16日。

发展项目；散发信息、鼓励教育以及增进北极相关事务方面的利益。① 北极理事会的重要目标主要有两方面：北极环境保护与可持续发展。北极理事会为实现这两个目标在其组织下面创设了多个项目小组。

北极理事会代表着北极原始居民和北极社会，是北极极地国家政府和区域组织的合作伙伴。② 作为唯一一个包括全部八个极地国家的政府间组织，北极理事会虽然不是具有约束力的国际组织，但它试图作为一个具有相对独立性的政府间论坛，推荐和执行关于北极环境保护和可持续发展的政策。北极理事会的创设初衷在于加强极地国家在环境保护和可持续发展领域的合作。这种缺少条约约束力的体制是否能够成功协调多方主体在北极事务上复杂多变的利益关系，是否会在该区域面临重大问题时丧失功能，是理事会未来需要认真面对的问题。③ 而部分北极国家似乎有意利用域内外矛盾来掩盖域内矛盾，在未来的北极地缘政治关系中，这仍然可能成为一些北极国家的地缘战略选择。因此，在今后一定时期内，域内国家寻求相对一致地排挤域外国家的可能性不可排除。如果北极理事会在今后一段时间内不能纠正这一做法，或者国际社会不能形成一种反约束力量的话，北极地区域内外的关系将有可能被推向一个不正确的轨道。

---

① 《成立北极理事会宣言》，第 1 条，http://arctic-council.org/filearchive/Declaration% 20 on% 20the% 20Establishment% 20of% 20the% 20Arctic% 20Council-1. pdf, 2010 年 2 月 12 日。

② 2002 Inari Declaration on the Occasion of the Third Ministerial Meeting, p. 1, http://arctic-council.org/filearchive/inari_Declaration.pdf.

③ David Vanderzwaag, Rob Huebert, Stacey Ferrara, "The Arctic Environmental Protection Strategy, Arctic Council and Multilateral Environmental Initiatives: Tinkering While the Arctic Marine Environment Totters", *Denver Journal of International Law and Policy*, Spring 2002.

（二）中国的北极政策

中国倡导构建人类命运共同体，是北极事务的积极参与者、建设者和贡献者，努力为北极发展贡献中国智慧和中国力量。为了阐明中国在北极问题上的基本立场，阐释中国参与北极事务的政策目标、基本原则和主要政策主张，指导中国相关部门和机构开展北极活动和北极合作，推动有关各方更好参与北极治理，与国际社会一道共同维护和促进北极的和平、稳定和可持续发展，2018年1月中国政府发表《中国的北极政策》白皮书。白皮书由以下部分构成："前言""北极的形势与变化""中国与北极的关系""中国的北极政策目标和基本原则""中国参与北极事务的主要政策主张""结束语"。

1. 中国与北极的关系

白皮书明确表明"中国是北极事务的重要利益攸关方"。在地缘上中国是"近北极国家"①。北极的自然环境状况和变化对于中国的气候系统和生态系统有着直接影响，直接关系到中国在农业、林业、渔业、海洋等领域的经济利益。同时，中国与北极的跨区域和全球性问题息息相关，特别是北极的气候变化、环境、科研、航道利用、资源勘探与开发、安全、国际治理等问题，关系到世界各国和人类的共同生存与发展，与包括中国在内的北极域外国家的利益密不可分。中国在北冰洋公海、国际海底区域等海域和特定区域享有《联合国海洋法公约》《斯匹次卑尔根群岛条约》等国际条约和一般国际法所规定的科研、

---

① 有学者提出"近北极国家"的三个标准：一是地理距离，二是交通联系，三是相互影响（参见陆俊元、张侠《中国北极权益与政策研究》，时事出版社2016年版，第379页）。据此，中国、日本、韩国、英国等都把自己定位为近北极国家。

航行、飞越、捕鱼、铺设海底电缆和管道、资源勘探与开发等自由或权利。中国是联合国安理会常任理事国，肩负着共同维护北极和平与安全的重要使命。中国是世界贸易大国和能源消费大国，北极的航道和资源开发利用可能对中国的能源战略和经济发展产生巨大影响。中国的资金、技术、市场、知识和经验在拓展北极航道网络和促进航道沿岸国经济社会发展方面可望发挥重要作用。中国在北极与北极国家利益相融合，与世界各国休戚与共。在经济全球化、区域一体化不断深入发展的背景下，北极问题已经和域内外国家的利益、国际社会的利益密切相连，与人类生存和发展的共同命运有着密切联系。中国愿意和有关各方更好地参与北极治理，与国际社会一道共同维护和促进北极的和平、稳定和可持续发展。

中国参与北极事务由来已久。1925年，中国加入《斯匹次卑尔根群岛条约》，正式开启参与北极事务的进程。1982年，中国作为签约国加入了《联合国海洋法公约》。上述两个条约保证了中国在北冰洋和斯匹次卑尔根群岛（斯瓦尔巴群岛）地区从事相应活动，特别是航行的权益。此后，中国关于北极的探索不断深入，实践不断增加，活动不断扩展，合作不断深化。1993年，中国召开首次北极科学研究讨论会，讨论了中国北极科学研究的方向和战略设想。由中国科学技术协会主持，中国科学院于1995年组织了中国首次北极点科学考察。1996年，中国成为国际北极科学委员会成员国，参加了北极科学委员会的白令海计划（BESIS）、国际北极浮标计划（IABP）的工作。作为国际北极科学委员会的重要成员，中国极地科学家通过开展广泛的北极科技合作，积累极地知识，为北极治理提供智力和技术支撑，为我国积极参与北极事务起到了先导作用。中国的北极科研活动日趋活跃。从1999年起，中国以"雪龙"号科考船为平台，成功进行了多次北极科学考察。2004年，中国在斯匹次卑尔根群岛的新奥尔松地区建成"中国北极黄河站"。截至

2017年年底，中国在北极地区已成功开展了八次北冰洋科学考察和14个年度的黄河站站基科学考察。借助船站平台，中国在北极地区逐步建立起海洋、冰雪、大气、生物、地质等多学科观测体系。2005年，中国成功承办了涉北极事务高级别会议的北极科学高峰周活动，开亚洲国家承办之先河。2013年，中国成为北极理事会正式观察员。中国在北极事务上进入正式的制度性参与阶段。我国北极理事会观察员国的地位，为我国参与北极事务提供了现实基础。2013年中国与北欧五国（冰岛、丹麦、挪威、瑞典和芬兰）成立了中国—北欧北极研究中心，是中国与北欧国家开展北极科技学术交流的重要平台。中国派专家参与了北极理事会下设的北极监测与评估工作组、海洋环境保护工作组的具体项目，加强对北极海洋污染、环境保护、动物迁徙等领域的研究，进一步提升中国的北极科研水平，共同应对北极跨区域问题。2015年2月24日，中国国家海洋局极地考察办公室启动了近三十年来规模最大的"南北极环境综合考察与评估"专项，计划在五年内实施五次南极考察和三次北极考察，围绕极地环境考察与评价、极地对中国气候变化的影响、极地国家权益之争等问题开展深入调研。在极地规则方面，中国参与了国际海事组织关于极地航行规则的制定，这一规则已于2017年生效，对保护北极海洋环境有非常重要的意义。近年来，中国的北极活动也涉及全球、区域、多边和双边等多个层面，涵盖科研、环境、生态、气候、经济和人文等多个领域。中国企业开始积极探索北极航道的商业利用。中国的北极活动已由单纯的科学研究拓展至北极事务的诸多方面，涉及全球治理、区域合作、多边和双边机制等多个层面，涵盖科学研究、生态环境、气候变化、经济开发和人文交流等多个领域。作为国际社会的重要成员，中国对北极国际规则的制定和北极治理机制的构建发挥了积极作用。中国发起共建"丝绸之路经济带"和"21世纪海上丝绸之路"（"一带一路"）重要合作倡议，与各方共建"冰上丝绸之路",为促进北极地区互联互通和经济社会可持续发展带来合作机遇。"冰上丝绸之路"是"一带一路"在北极的延伸,近年来在科学研究、航道利用、经贸合作等方面取得了新进展。"冰上丝绸之路"辐射范围及所涉领域广泛,有助于促进共建"一带一路"国家发展,北极地区互联互通,带动全球经济增长和可持续发展,促进世界不同文化相互融合。

2. 中国的北极政策目标和基本原则

白皮书指出中国的北极政策目标是:认识北极、保护北极、利用北极和参与治理北极,维护各国和国际社会在北极的共同利益,推动北极的可持续发展。

认识北极就是要提高北极的科学研究水平和能力,不断深化对北极的科学认知和了解,探索北极变化和发展的客观规律,为增强人类保护、利用和治理北极的能力创造有利条件。保护北极就是要积极应对北极气候变化,保护北极独特的自然环境和生态系统,不断提升北极自身的气候、环境和生态适应力,尊重多样化的社会文化以及土著人的历史传统。利用北极就是要不断提高北极技术的应用水平和能力,不断加强在技术创新、环境保护、资源利用、航道开发等领域的北极活动,促进北极的经济社会发展和改善当地居民的生活条件,实现共同发展。参与治理北极就是要依据规则、通过机制对北极事务和活动进行规范和管理。对外,中国坚持依据包括《联合国宪章》《联合国海洋法公约》和气候变化、环境等领域的国际条约以及国际海事组织有关规则在内的现有国际法框架,通过全球、区域、多边和双边机制应对各类传统与非传统安全挑战,构建和维护公正、合理、有序的北极治理体系。对内,中国坚持依法规范和管理国内北极事务和活动,稳步增强认识、保护和利用北极的能力,积极参与北极事务国际合作。

通过认识北极、保护北极、利用北极和参与治理北极,中国致力于同各国一道，在北极领域推动构建人类命运共同体。中国在追求本国利益时，将顾及他国利益和国际社会整体利益，兼顾北极保护与发展，平衡北极当前利益与长远利益，以推动北极的可持续发展。

为了实现上述政策目标，中国本着"尊重、合作、共赢、可持续"的基本原则参与北极事务。尊重是中国参与北极事务的重要基础。尊重就是要相互尊重，包括各国都应遵循《联合国宪章》《联合国海洋法公约》等国际条约和一般国际法，尊重北极国家在北极享有的主权、主权权利和管辖权，尊重北极土著人的传统和文化，也包括尊重北极域外国家依法在北极开展活动的权利和自由，尊重国际社会在北极的整体利益。合作是中国参与北极事务的有效途径。合作就是要在北极建立多层次、全方位、宽领域的合作关系。通过全球、区域、多边和双边等多层次的合作形式，推动北极域内外国家、政府间国际组织、非国家实体等众多利益攸关方共同参与，在气候变化、科研、环保、航道、资源、人文等领域进行全方位的合作。共赢是中国参与北极事务的价值追求。共赢就是要在北极事务各利益攸关方之间追求互利互惠，以及在各活动领域之间追求和谐共进。不仅要实现各参与方之间的共赢，确保北极国家、域外国家和非国家实体的普惠，并顾及北极居民和土著人群体的利益，而且要实现北极各领域活动的协调发展，确保北极的自然保护和社会发展相统一。可持续是中国参与北极事务的根本目标。可持续就是要在北极推动环境保护、资源开发利用和人类活动的可持续性，致力于北极的永续发展。实现北极人与自然的和谐共存，实现生态环境保护与经济社会发展的有机协调，实现开发利用与管理保护的平衡兼顾，实现当代人利益与后代人利益的代际公平。

中国北极政策的原则是基于世界发展趋势、中国外交理念、中国北极身份的认定以及对北极事务主要矛盾的认识而产生的。

在北极政策目标的选取和遵循的基本原则上,表明了中国在北极事务中不求极地领先国家地位,但求成为"尊重、合作、共赢"的负责任大国地位。

3. 中国参与北极事务的主要政策主张

白皮书指出,中国参与北极事务的政策主张主要体现在五个方面:一是不断深化对北极的探索和认知,这一点是中国北极活动的优先方向和重点领域;二是保护北极生态环境和应对气候变化,中国始终把解决全球环境保护问题放在首位;三是依法合理利用北极资源;四是积极参与北极治理和国际合作;五是促进北极和平与稳定。中国的北极政策主张很好地兼顾了北极资源利用与环境保护的关系,北极国家利益和人类共同利益的关系。

(1)不断深化对北极的探索和认知

北极具有重要的科研价值。探索和认知北极是中国北极活动的优先方向和重点领域。中国积极推动北极科学考察和研究。中国尊重北极国家对其国家管辖范围内北极科考活动的专属管辖权,主张通过合作依法在北极国家管辖区域内开展北极科考活动,坚持各国在北冰洋公海享有科研自由。中国积极开展北极地质、地理、冰雪、水文、气象、海冰、生物、生态、地球物理、海洋化学等领域的多学科科学考察;积极参与北极气候与环境变化的监测和评估,通过建立北极多要素协同观测体系,合作建设科学考察或观测站、建设和参与北极观测网络,对大气、海洋、海冰、冰川、土壤、生物生态、环境质量等要素进行多层次和多领域的连续观测。从1999年到2021年,中国共进行了十二次北极科学考察。

中国致力于提高北极科学考察和研究的能力建设,加强北极科考站点和科考船只等保障平台的建设与维护并提升其功能,推进极地科学考察破冰船的建造工作等。中国支持和鼓励北极科研活动，不断加大北极科研投入的力度，支持构建现代化的北极科研平台，努力提高北极科研能力和水平。在中国已成为世界第二大经济体的背景下，中国政府对北极科考的资助力度逐年增大，国家投入大量资金开展极地基础设施改造。大力开展北极自然科学研究，加强北极气候变化和生态环境研究，进一步推动物理、化学、生命、地球等基础学科的发展。不断加强北极社会科学研究，包括北极政治、经济、法律、社会、历史、文化以及北极活动管理等方面，促进北极自然科学和社会科学研究的协同创新。加强北极人才培养和科普教育，支持高校和科研机构培养北极自然和社会科学领域的专业人才，建立北极科普教育基地，出版北极相关文化产品，提高公民的北极意识。积极推进北极科研国际合作，推动建立开放包容的国际北极环境监测网络，支持通过国际北极科学委员会等平台开展务实合作，鼓励中国科学家开展北极国际学术交流与合作，推动中国高校和科研机构加盟"北极大学"协作网络。

  技术装备是认知、利用和保护北极的基础。中国鼓励发展注重生态环境保护的极地技术装备，积极参与北极开发的基础设施建设，推动深海远洋考察、冰区勘探、大气和生物观测等领域的装备升级，促进在北极海域石油与天然气钻采、可再生能源开发、冰区航行和监测以及新型冰级船舶建造等方面的技术创新。在北极脆弱环境下资源利用的技术创新和知识储备是中国北极政策目标的重要基础。在气候变化、资源、环境以及冰冻地区的应用技术等重大科技前沿问题上，力争创新性的成果，以便更好地服务于国民经济和社会发展。更新和发展对北极科学研究具有重大作用的技术手段。我国重点研究方向包括但不限于各种科学监测和探测技术、适合极地环境的工程技术、适合北极冰区的造船技术和航行技术、冻土地区勘探和开采技术设备的研发等。技术领先可以减少北极国家以环境壁垒和技术壁垒拒绝中国参与北极事务的理由，可以为中国提升在极地国际事务的发言权提供技术支撑。中国是非北极国家，地理上的远离成为制约中国参与北极开发的核心障碍，因此，利用国际法赋予中国的权益进行北极科学考察，是中国了解北极地区自然资源和生态环境的必然选择，亦是支撑中国北极战略施行的关键。在当今"碳时代"的背景下，促进北极科学研究的发展，在和平利用北极资源的同时保护北极生态环境，最终建立符合全人类利益的北极国际新秩序是中国构建北极战略的宗旨。

（2）保护北极生态环境和应对气候变化

中国坚持依据国际法保护北极自然环境，保护北极生态系统，养护北极生物资源，积极参与应对北极环境和气候变化的挑战。

一是保护环境。作为北极事务的建设者和贡献者，中国政府在白皮书中，明确了自己在北极环境保护方面的责任和义务。中国切实履行国际环境条约义务，同时积极推动涉及气候变化、全球环境保护等领域的国际法制与时俱进。中国始终把解决全球性环境问题放在首要地位，认真履行有关国际条约的义务，承担环境保护责任。中国积极参加北极环境治理，加强北极活动的环境影响研究和环境背景调查，尊重北极国家的相关环保法规，强化环境管理并推动环境合作。白皮书指出，中国积极参与北极国际规则的制定和北极治理机制的构建。中国认真履行作为北极理事会正式观察员国肩负的国际法律和道德义务，通过参加几乎所有的北极环境科研组织，积极参与北极环境事务的国际合作。要在北极推动环境保护、资源开发利用和人类活动的可持续发展。实现人与自然和谐共存，实现生态环境保护与经济社会发展的有机协调，实现当代人利益与后代人利益的代际公平。中国支持北冰洋沿岸国依照国际条约减少北极海域陆源污染物的努力，致力于提高公民和企业的环境责任意识，与各国一道加强对船舶排放、海洋倾废、大气污染等各类海洋环境污染源的管控，切实保护北极海洋环境。

二是保护生态。北极地区环境独特,生物链结构相对简单,生态系统的平衡性非常脆弱,是全球多种濒危野生动植物的重要分布区域。中国高度重视北极的可持续发展和生物多样性保护,科学评估全球变化和人类活动对北极生态系统的影响。面对日益恶化的北极海洋生态,白皮书强调对北极生态的保护和相应生态危机的预防。持续参与北极候鸟迁徙研究,积极开展北极候鸟生物物种及其栖息地的保护和研究,支持包括候鸟在内的北极物种的保护合作。建设和提升北极生态自身的气候、环境和生态适应力,提高北极生态系统的自我恢复能力。加强国际协调,促进北极物种保护的国际合作。构建北极生态命运共同体,有助于应对北极环境变化,为应对北极气候变化、保护北极独特的自然环境和生态系统等涉及北极的全球性问题提供了价值指引。

三是应对气候变化。中国始终高度重视气候变化问题,将相关应对气候变化的措施纳入国家总体发展议程和规划,如"国家自主贡献"举措为达成《巴黎协定》中气候协议部分发挥了重要作用。"国家自主贡献"是《巴黎协定》"自下而上"全球治理框架的核心,其要求缔约方每五年需更新国家自主贡献,温室气体减排承诺是"国家自主贡献"的核心内容,各方根据自身情况确定应对气候变化行动目标,确保减排力度的逐步提高。中国致力于研究北极物质能量交换过程及其机制,评估北极与全球气候变化的相互作用,预测未来气候变化对北极自然资源和生态环境的潜在风险,推动北极冰冻圈科学发展。北极科学研究,对认识北极影响全球大气环流和中国天气气候的物理过程及机理,提高中国灾害性天气预报和短期气候预测的准确性,增强中国的减灾防灾能力,具有重要意义。加强宣传教育,加强气候变化的科普工作,提高公众对气候变化问题的科学认识,动员全民参与应对气候变化。为气候变化国际合作贡献中国智慧,切实推动北极气候变化的国际合作。

(3) 依法合理利用北极资源

北极资源丰富，但生态环境脆弱。中国倡导保护和合理利用北极，鼓励企业利用自身的资金、技术和国内市场优势，通过国际合作开发利用北极资源。中国一贯主张，开发利用北极的活动应遵循《联合国海洋法公约》《斯匹次卑尔根群岛条约》等国际条约和一般国际法，尊重北极国家的相关法律，并在保护北极生态环境、尊重北极土著人的利益和关切的前提下，以可持续的方式进行。

一是参与北极航道开发利用。北极航道包括东北航道、西北航道和中央航道。全球变暖使北极航道有望成为国际贸易的重要运输干线。中国尊重北极国家依法对其国家管辖范围内海域行使立法权、执法权和司法权，主张根据《联合国海洋法公约》等国际条约和一般国际法管理北极航道，保障各国依法享有的航行自由以及利用北极航道的权利。中国主张有关国家应依据国际法妥善解决北极航道有关争议。中国坚定维护自身在北极地区的航道运输权益，以及尊重各方在北极的合法权利，并与多方主体密切合作，共同参与北极航道的基础设施建设和运营管理。中国愿依托北极航道的开发利用，与各方共建"冰上丝绸之路"。北极航线与"一带一路"倡议的对接，将极大地促进东北航道沿线各国以及西北欧—东北亚两大世界经济重心的互联互通，推动航道沿线区域和产业经济的整合与升级，最终惠及沿线各国人民。

中国鼓励企业参与北极航道基础设施建设，依法开展商业试航，稳步推进北极航道的商业化利用和常态化运行。中国重视北极航道的航行安全，积极开展北极航道研究，不断加强航运水文调查，提高北极航行、安全和后勤保障能力。切实遵守《极地水域船舶航行安全规则》，支持国际海事组织在北极航运规则制定方面发挥积极作用。主张在北极航道基础设施建设和运营方面加强国际合作。

二是参与油气和矿产等非生物资源的开发利用。中国尊重北极国家根据国际法对其国家管辖范围内油气和矿产资源享有的主权权利，尊重北极地区居民的利益和关切，要求企业遵守相关国家的法律并开展资源开发风险评估，支持企业通过各种合作形式，在保护北极生态环境的前提下参与北极油气和矿产资源开发。中国参与北极油气资源治理与开发中的资源利用国际法依据主要包括中国与北极国家的双边条约，以及全球性和区域性条约。在双边层面，如2012年中冰签署北极合作框架协议，2016年中挪发表《中华人民共和国政府与挪威王国政府关于双边关系正常化的声明》。在全球和区域层面，中国参与的法律依据是《联合国海洋法公约》[①] 和《斯匹次卑尔根群岛条约》。

中国尊重北极国家依据国际法享有的对其国家管辖范围内的油气和矿产资源主权权利。在遵守《联合国海洋法公约》的前提下，为了全人类的目的进行开发和利用，着眼于为了全人类的共同利益，尊重北极地区居民的利益和关切，尊重他们的传统和文化，重视他们的需求，在北极环境保护和资源开发利用上，获得他们的支持。企业强化风险分析，进行全面的风险识别、分析和预警。在油气资源的勘探、开发、生产、运输、销售和消费的全过程分析北极资源开发的风险类型、产生原因和预警机理等，进行持续地鉴别、归类、整理和评估，加强风险分析和预警技术的研究，制定相应的风险管理计划和方案，并付诸实施，以最大限度地减少风险。中国在行使北极油气资源开发权利的同时也重视海洋环境的保护义务。加强各方合作，提倡开发北极油气和矿产资源符合生态环保和可持续发展的理念，遵循资源共享、互惠互利、共同繁荣的现代理念。由于出

[①] "自然资源"包括海床和底土的矿物和其他非生物资源。参见《公约》第77条第4款。

现全球变暖、气候变化、资源匮乏等严峻的全球问题，世界能源转型势必将朝向低碳化、清洁化方向进行。北极地区拥有丰富的地热、风能等清洁能源。加强与北极国家的清洁能源合作，推动与北极国家在清洁能源开发的技术、人才和经验方面开展交流，探索清洁能源的供应和替代利用，实现低碳发展。

三是参与渔业等生物资源的养护和利用。渔业是北极地区经济的主要议题之一。鱼类资源受气候变化等因素影响出现向北迁移趋势，北冰洋未来可能成为新渔场。中国支持基于有法律约束力的国际协定，出台有关北冰洋公海渔业管理组织或制度安排，建立法律基础。2018年10月3日，中国与8个国家以及欧盟缔结了《预防中北冰洋不管制公海渔业协定》，为未来中北冰洋渔业管理积累了科学数据，填补了北极渔业治理的空白，是北极国际治理和规则制定的重要进展，对促进北极环境保护和可持续发展具有重要意义。中国在北冰洋公海渔业问题上一贯坚持科学养护、合理利用的立场，主张各国依法享有在北冰洋公海从事渔业资源研究和开发利用活动的权利，同时承担养护渔业资源和保护生态系统的义务。中国支持基于《联合国海洋法公约》建立北冰洋公海渔业管理组织或出台有关制度安排。中国致力于加强对北冰洋公海渔业资源的调查与研究，适时开展探捕活动，建设性地参与北冰洋公海渔业治理。中国愿加强与北冰洋沿岸国合作研究、养护和开发渔业资源。中国坚持保护北极生物多样性，倡导透明合理地勘探和使用北极遗传资源，公平公正地分享和利用遗传资源产生的惠益。

四是参与旅游资源开发。白皮书表明了中国同他国共同开发利用北极资源、构建人类命运共同体的意愿。北极旅游是新兴的北极活动，中国是北极游客的来源国之一。中国支持和鼓励企业与北极国家合作开发北极旅游资源，主张不断完善北极旅游安全、保险保障和救援保障体系，切实保障各国游客的安全。坚持对北极旅游从业机构与人员进行培训和监管，致力于提高中国游客的北极环保意识，积极倡导北极的低碳旅游、生态旅游和负责任旅游，推动北极旅游业可持续发展。中国坚持在尊重北极地区居民和土著人的传统和文化，保护其独特的生活方式和价值观，以及尊重北极国家为加强北极地区居民能力建设、促进经济社会发展、提高教育和医疗水平所作努力的前提下，参与北极资源开发利用，使北极地区居民和土著人成为北极开发的真正受益者。

(4) 积极参与北极治理和国际合作

北极治理需要各利益攸关方的参与和贡献。作为一个以负责任态度深度参与地区和国际事务、同时亦在北极地区拥有重要国家利益的大国，中国积极参与北极事务，维护中国在北极地区的合法权益。中国加强对北极事务的参与力度与北极国家在北极的利益关切并不矛盾，中国的参与并不会否定和削弱北极国家的优先利益，而是为了更好地保障自身应有的北极权益，并促进提升各方参与北极事务的有效性，从而寻求更加公平的机会来协调所有国家在北极治理框架下的机遇共享。

中国主张构建和完善北极治理机制。坚持依法规范、管理和监督中国公民、法人或者其他组织的北极活动，努力确保相关活动符合国际法并尊重有关国家在环境保护、资源养护和可持续利用方面的国内法，切实加强中国北极对外政策和事务的统筹协调。在此基础上，中国积极参与北极国际治理，坚持维护以《联合国宪章》和《联合国海洋法公约》为核心的现行北极国际治理体系，努力在北极国际规则的制定、解释、适用和发展中发挥建设性作用，维护各国和国际社会的共同利益。

中国主张稳步推进北极国际合作。加强共建"一带一路"倡议框架下关于北极领域的国际合作，坚持共商、共建、共享原则，重点开展以政策沟通、设施联通、贸易畅通、资金融通、民心相通为主要内容的务实合作，包括加强与北极国家发展战略对接、积极推动共建经北冰洋连接欧洲的蓝色经济通道、积极促进北极数字互联互通和逐步构建国际性基础设施网络等。中方愿与各方以北极为纽带增进共同福祉、发展共同利益。

在全球层面，中国积极参与全球环境、气候变化、国际海事、公海渔业管理等领域的规则制定，依法全面履行相关国际义务。中国不断加强与各国和国际组织的环保合作，大力推进节能减排和绿色低碳发展，积极推动全球应对气候变化进程与合作，坚持公平、共同但有区别的责任原则和各自能力原则，推动发达国家履行在《联合国气候变化框架公约》《京都议定书》《巴黎协定》中作出的承诺，为发展中国家应对气候变化提供支持。中国建设性地参与国际海事组织事务，积极履行保障海上航行安全、防止船舶对海洋环境造成污染等国际责任。中国主张加强国际海事技术合作，在国际海事组织框架内寻求全球协调一致的海运温室气体减排解决方案。中国积极参与北冰洋公海渔业管理问题相关谈判，主张允许在北冰洋公海开展渔业科学研究和探捕活动，各国依据国际法享有的公海自由不受影响。

在区域层面，中国积极参与政府间北极区域性机制。中国是北极理事会正式观察员，高度重视北极理事会在北极事务中发挥的积极作用，认可北极理事会是关于北极环境与可持续发展等问题的主要政府间论坛。中国信守申请成为北极理事会观察员时所作各项承诺，全力支持北极理事会工作，委派专家参与北极理事会及其工作组和特别任务组的活动，尊重北极理事会通过的《北极海空搜救合作协定》《北极海洋油污预防与反应合作协定》《加强北极国际科学合作协定》。中国支持通过北极科学部长会议等平台开展国际合作。

在多边和双边层面，中国积极推动在北极各领域的务实合作，特别是大力开展在气候变化、科考、环保、生态、航道和资源开发、海底光缆建设、人文交流和人才培养等领域的沟通与合作。中国主张在北极国家与域外国家之间建立合作伙伴关系，已与所有北极国家开展北极事务双边磋商。2010年，中美建立了海洋法和极地事务年度对话机制。自2013年起，中俄持续举行北极事务对话。此外，中国已同英、法开展双边海洋法和极地事务对话。2012年，中国与冰岛签署《中华人民共和国政府与冰岛共和国政府关于北极合作的框架协议》，这是中国与北极国家缔结的首份北极领域专门协议。中国重视发展与其他北极域外国家之间的合作，已同英国、法国开展双边海洋法和极地事务对话。2016年，中国、日本、韩国启动北极事务高级别对话，推动三国在加强北极国际合作、开展科学研究和探索商业合作等方面交流分享相关政策、实践和经验。中国支持各利益攸关方共同参与北极治理和国际合作。支持"北极—对话区域"、北极圈论坛、"北极前沿"、中国—北欧北极研究中心等平台在促进各利益攸关方交流合作方面发挥作用。支持科研机构和企业发挥自身优势参与北极治理，鼓励科研机构与外国智库、学术机构开展交流和对话，支持企业依法有序参与北极商业开发和利用。

通过发起、共建"一带一路""冰上丝绸之路"，白皮书描绘了中国参与北极事务的合作前景，并以此实现北极地区的可持续发展和有效治理目标。中国主张北极领域的国际合作与"一带一路""冰上丝绸之路"建设相融合，依据共商、共建、共享原则开展北极事务合作。共商是国际法治的民主化，共建是国际法治的共同义务，共享是国际法治的追求目标。"一带一路"倡议是人类命运共同体理念的有机组成部分，人类命运共同体理念是国际法原则的综合和升华，但又要靠具体的国际法规则落实和保障。

中国政府高度重视北极问题的发展走向对中国的影响，同时基于全球视野倡导通过和平与合作的方式来推动北极区域治理机制的开放性、包容性建构，从而最终实现北极问题的良性发展以及参与各方的互利共赢。各方在北极地区的一切行为应具有和平性质，相互承认和尊重彼此的权利，同时照顾到全世界和全人类的共同利益，这是中国政府对于北极问题的基本立场，也应是北极合作的最重要基础。白皮书将北极事务和北极治理所涉及的相关问题嵌入整个全球治理体系之中，从而站在更高的视野，更加全面地阐释了中国参与北极治理的必要性以及促进各方在北极治理进程中实现合作共赢的重要意义。

（5）促进北极和平与稳定

北极的和平与稳定能够保障北极各项活动的进行，中国致力于同各相关方一道，在北极领域推动构建人类命运共同体，为北极的和平稳定和可持续发展贡献力量。中国支持各利益相关方依据有法律约束力的国际条约和一般国际法维护北极安全稳定，和平解决北极领土和海洋权益的有关争端。中国倡导和平利用北极，保障海上贸易通道安全，保障海上作业安全，维护北极地区形势稳定，保护北极地区人员人身和财产安全。中国积极参与北极国际治理，加强并扩大北极合作范围，强化与其他北极利益攸关方之间的联系，维护各国共同利益。中国积极应对海洋安全挑战，如海上事故、环境污染、海上犯罪等，致力于加强与北极国家在海空搜救、海上预警、应急反应、情报交流等方面的国际合作。北极地区和平与稳定，有利于北极地区的治理，也符合包括北极八国在内的北极国家和广大非北极国家的共同利益。

4. 结束语

中国明确了自身在北极治理中的"重要利益攸关方"定位以及"尊重、合作、共赢和可持续"的参与原则，将中国北极政策的目标界定为"认识北极、保护北极、利用北极和参与治理北极，维护各国和国际社会在北极的共同利益，推动北极的可持续发展"①。中国积极开展北极科考和研究，积极参与北极航道的开发与利用，倡导和平与可持续地开发和利用北极资源，积极应对气候变化，并通过倡导低碳、生态和负责任旅游来提高公民的北极生态环境保护意识，积极推动极地技术研发创新，实现保护北极生态环境的目标。

---

① 《中国的北极政策》，参见中华人民共和国国务院新闻办公室网站，http://www.scio.gov.cn/zfbps/32832/Document/1618203/1618203.htm。

二 环北极国家北极政策

（一）加拿大的北极政策

2019年9月，加拿大联邦政府和地方政府共同出台了《加拿大北极与北方政策框架》（Canada's Arctic and Northern Policy Framework，以下简称《框架》）。《框架》中指出了联邦政府和地方政府的优先事项和行动，即"培育健康的家庭和社区；投资北方和北极地区政府、经济体和社区需要的能源、交通和通信基础设施；创造就业机会，促进创新，发展北极和北方经济；支持对社区和决策有意义的科学、知识和研究；应对气候变化的影响，支持北极和北方健康的生态系统建设；确保加拿大、加拿大北方和北极居民生活在安全、有保障和受到良好保护的环境中；恢复加拿大作为国际北极领导者的地位；推进和解并改善土著和非土著人民之间的关系"[1]。

1. 加拿大与北极的关系

作为一个北极地区的地理大国，加拿大北极地区的面积达436万多平方千米，占据整个北极地区总面积的26%，是仅次于俄罗斯的北极第二大国，占加拿大全国总面积的约44%，在

---

[1] Canada's Arctic and Northern Policy Framework, https://www.rcaanc-cirnac.gc.ca/eng/1560523306861/1560523330587.

加拿大国家中占据重要地位。北极对于加拿大的民族认同至关重要，加拿大的北极地区包括加拿大育空地区、西北地区和努勒维特地区，以及加拿大北部许多省份，它根植于加拿大历史与文化，更是扎根于加拿大国家命脉当中。在地理位置上，加拿大北极地区位于北美大陆北部，东、西、北三面分别面向大西洋、太平洋和北冰洋，南部和西北部通过漫长的陆地边界与美国接壤，东北部方向与格陵兰岛接近，北方隔北冰洋与亚欧大陆呼应。

冷战期间，北极是美苏军事斗争的前沿阵地，苏联的军事部署对北美地区安全造成威胁，这一时期，加拿大因为财力有限，在北极安全防御中高度依赖美国，加拿大的北极政策有从属性质。2000年，加拿大全球事务部公布了《加拿大外交政策的北方维度》，指出了其外交政策中的北极政策的基本原则和总体目标。2005年加拿大政府发布了《加拿大国际政策声明》，其中指出"未来20年，加拿大北部的预期变化使得政府更加重视安全和主权"。2008年，加拿大国防部出台《加拿大第一国防战略》。2009年5月，加拿大国家规划会议第五次会议指出了其北极战略目标及实现目标的倡议。2009年7月，加拿大政府公布了《加拿大北方战略：我们的北方，我们的遗产，我们的未来》文件，提出了其北方的战略愿景。2010年，加拿大政府发布《加拿大北极外交宣言》，指出了为实现北极战略关注的重点领域。2017年，加拿大国防部发布《强大、安全、参与：加拿大国防政策》，主要从安全层面指出如何应对北极地区日益增加的活动。

自从人类走上北极（北极点）的那一刻，随着北极资源的不断被开发，关于北极地区主权的争端就从未停止过。1907年加拿大首先对北极及周边海域提出主权要求。加拿大参议员帕斯尤可·普瓦里耶提出著名的"扇形理论"，声称"位于两条国界线之间直至北极点的一切土地应当属于邻接这些土地的国家"。这一理论的提出正式揭开了北极主权争端的帷幕,涉及加拿大的:一是与美国之间的波弗特海之争;二是与俄罗斯、丹麦之间的罗蒙诺索夫海岭之争;三是与丹麦之间的汉斯岛之争;四是与美国之间的西北航道之争。

2. 加拿大北极政策的目标和基本原则

北极也代表着加拿大未来的巨大潜力,与加拿大其他地区一样,行使对其北部地区的主权是北极外交政策的首要任务。对于北极,加拿大希望它是一个稳定发展的规则导向性地区:拥有清晰的边界划分,稳定增长的经济及处于动态发展之中的往来贸易,同时应充满活力,且具有健康多元化产业的生态系统。

《框架》指出加拿大北极政策的八个目标:"增强加拿大北极和北方土著居民的适应能力与身体素质;加强基础设施建设,缩小与加拿大其他地区的差距;发展强大、可持续、多样化和包容的地方和区域经济;执行谅解指导决策;构建具有复原力的加拿大北极和北方良性生态系统;确保北极存在有效应对新的挑战和机遇的基于规则的国际秩序;加拿大的北极和北方及其居民是安全且有保障的,并能受到良好的保护;支持和解与自决,并培养土著和非土著居民之间相互尊重的关系"[①]。

加拿大外交政策中的北极问题遵循以下三个原则:履行政府对北极地区的承诺并发挥领导作用;在政府内外与各国建立涉及北极地区的伙伴关系;与加拿大人民、特别是加拿大的北极地区居民持续进行对话。

加拿大外交北极政策有四个首要目标:加强加拿大北极地区的安全,并促进地区繁荣;维护和确保加拿大在北极地区的

---

① Canada's Arctic and Northern Policy Framework, https://www.rcaanc-cirnac.gc.ca/eng/1560523306861/1560523330587.

主权；将环北极地区作为地缘政治实体纳入国际规则制度框架内；促进加拿大北方地区人民的人身安全和北极的可持续发展。

在未来几年，加拿大政府将通过关注四大优先领域实现其外交目标：加强和促进环北极关系及北极理事会的政策协调作用；支持加强环极政策研究，提升与政策研究有关的能力，并对北极理事会的工作提供援助；通过加强与环北极国家的双边活动，增进与环极伙伴国家的合作；敦促环极国家和社区促进整个北极环极地区经济和贸易的可持续发展。

3. 加拿大北极政策的主要措施。
（1）维护加拿大北极地区安全利益和北极地区地缘政治安全

第一，在北美地区，加拿大通过建立与美国之间的战略安全一体化关系，确保身边最强大的邻国不对自己构成威胁，保障自身安全。在地区安全机制方面，加拿大融入美国主导的跨北大西洋的安全体系，保证大西洋与欧洲方向成为自己的安全屏障。加拿大投资建设新的巡逻艇，使之密切监测北极水域。提升加拿大游骑兵的规模和能力。建设加拿大北极部队训练中心。通过与美国在北美防空司令部的合作，更好地监测和控制北方领空。通过运用新技术加强北方领土的监测能力。通过一年一度的纳努克（Nanook）行动宣示在北极地区的主权。通过与北极国家联合演习，提高互操作性，集体应对新出现的跨境挑战。根据国际法寻求解决北极地区的边界问题。确保大陆架的全部扩展范围得到国际承认，在这一范围内，对海床和底土资源行使主权权利。①

第二，加强与国内和国际伙伴在安全、安保和防务问题上

---

① Statement on Canada's Arctic Foreign Policy, https://web.law.columbia.edu/sites/default/files/microsites/climate-change/files/Arctic-Resources/Arctic-Council/01_02_Canadas%20statement%20on%20arctic%20foreign%20policy%20%28booklet%29.pdf.

的合作与协作；加强军事存在，并预防和应对北极与北部的安全和安保事件；加强在北极和北部的领域意识、监视和控制能力；执行加拿大关于北极和北部运输、边境完整性和环境保护的立法和监管框架；提高北极和北部社区的全社会应急管理能力；通过有效的和文化上适当的预防犯罪举措和警务服务，支持社区安全。

第三，加大投入建设对北极地区的实际控制能力。加拿大通过加大财政、技术、基础设施等方面的投入，逐步建立对加拿大北极地区全覆盖的监视、控制、管理体系，加强对北极地区的实际控制能力。

第四，开展军演高调宣示北极主权。加拿大通过开展例行性军事活动，高调宣示和维护加拿大北极主权，加强对北极地区的实际控制。在北极地区举行军事活动是加拿大显示在北极地区的存在和捍卫加拿大北极主权的一项重要手段。

加强海上安全管理。一是加强海岸警卫队对海上和水域的安全管理；二是加强海岸领域意识和执法能力。

第五，加强军事存在以及预防和应对北极和北部的安全和安保事件。一是加强加拿大武装部队在北极的存在。加拿大政府已经在采取措施增加其在北极和北部的足迹，以支持地区安全和安保。二是增强海岸警卫队保证加拿大北部水域的安全、安保、环境和经济利益的能力。三是强化加拿大运输部通过其国家空中监视计划在北极地区发挥重要作用，保护加拿大在该地区利益。四是提升加拿大在北极地区的搜救能力。五是确保加拿大北极边界安全。

(2) 开发利用北极资源

第一，气候环境保护领域。保护北极地区土壤、水域以及环境。

第二，航道开发。加拿大以"西北航道"为战略杠杆，发挥在北极地区的地缘政治优势，为加拿大未来更长远的北极战略谋篇布局。

第三，开发北极地区油气矿产资源。一是以资源利用为经济抓手，发挥在北极地区的地缘经济优势，争取加拿大在北极国际关系中的主动权。在资源开发方面，加拿大联邦政府把开发北极地区资源作为刺激该国经济发展的重要增长点，以及北极地区经济与社会发展的重要途径。加拿大加大力度勘探北极地区资源，一些矿产资源和油气资源已经进入实质性开发阶段。二是支持在北极地区进行勘探和开发。加拿大正在进行新的投资，建立经济发展机构，改善发展的监管环境。

第四，积极拓展海洋利益。开展基础调研，做好数据和法律准备，拓展海洋利益空间。2013年12月6日，加拿大向联合国大陆架界限委员会递交了关于其对北冰洋大陆架外部边界的申请，其主张的大陆架外部边界可能延伸到了北极点，其大陆架范围面积达170万平方公里。

第五，积极改善发展北极地区基础设施，发展该地区经济社会利益。

第六，提升在北极地区的科考和研究力度。

（3）积极参与北极治理与国际合作

第一，积极参与北极治理。对加拿大而言，"辽阔的北方"绝对不是一个单纯的主权宣示问题，而是涵盖领土、环境生态、经济、安全、社会甚至国家认同等多方面权益的复杂问题。正是这种多重考量决定了加拿大政府在北极治理中必须采取灵活而多样的外交手段以实现其北极战略利益。

第二，积极参与北极地区国际合作。一是开展多层次的北极外交，推动国际合作，推进加拿大北极政策。二是通过与北极邻国的双边关系，北极理事会等区域性机制以及其他多边机构合作，推动加拿大北极政策的实施。三是加强与国内和国际伙伴在安全、安保和国际问题上的合作与协作。四是建立北极大学和环极政策研究网络。五是加强与俄罗斯的合作。

4. 结语

作为北极国家之一，加拿大愈发重视在北极地区的利益，重视北极地区的合作。在 21 世纪之初，加拿大对北部地区进行了一次根本性的重塑，最重要的是 1999 年随着努纳武特的建立，将西北领土划分为两块独立的领土。由于加拿大在北极地区的"弱国"特征，加拿大对其在北极地区的主权诉求特别强烈，这既有客观因素，也有主观因素。加拿大把北方地区看成是其国家认同的重要成分，认为没有北方就没有加拿大。加拿大的北极政策大肆渲染"遥远的北方"概念和因纽特人等原住民概念，强调北方地区和北方居民是加拿大国家与民族身份的重要构成要素。其实质在于，对外营造加拿大主权主张的历史、地理、法理、文化、道德等依据，对内加强民族统一性、自信心和凝聚力。加拿大在北极地区的主权利益主张，不仅是作为一个主权国家在一般意义上对抽象的国家主权的本能诉求，而且是出于对现实利益的考虑，在将来将转化为难以估量的战略利益。近年来，加拿大在北极治理上则更为关注"人类安全"问题，强调在尊重各种文化和身份认同以及原住民文化遗产完整性的前提下，推动北极地区的可持续发展，集合能源、矿业、林业、绿色食品、旅游、交通、动植物资源利用、环保和生物多样性保护于一体以造福人类社会。

加拿大是北极地区的一个地理大国，在未来北极地区的资源开发和航道利用等方面拥有巨大的潜在优势，为加拿大储备了地缘政治的潜力和作为空间。然而，加拿大并不是一个政治或战略大国，与俄罗斯、美国这两个北极大国与强国差距较大。这些特点使得加拿大既不可能像俄、美那样在北极事务中强势作为，又不甘心屈就普通的北极弱国或小国地位，因而，加拿大的北极战略实践，表现出了清晰的自我特征。加拿大推出北极政策，明确战略方案，发出声音，谋求身份，希望得到国际社会对加拿大北极主权利益的认可。

　　加拿大北极战略的核心目标是，通过其在北极事务中领导能力和治理能力的建设来寻求加拿大国家利益的最大化。加拿大在北极地区版图空间庞大，其中大部分区域还没有得到有效开发，加拿大政府在许多地方的管治还不是很到位，甚至感觉到加拿大在北方地区的主权还没有得到国际社会的充分认可。为此，加拿大北极战略提出的首要目标是，行使其在北极地区的主权。为了彰显加拿大在北极地区的主权，它为自己营造了独特的北极身份，并在国际社会高调渲染同北极地区的特殊关系，希望得到国际社会的充分认可。加拿大不仅强调其北极地区主权具有历史根基，而且把北方地区上升为加拿大民族和国家身份的组成部分，即没有北方地区就没有加拿大。因此，加拿大的北极战略实践，常常以原住民为题材向国际社会宣传加拿大拥有北极主权的历史、族群、文化等依据。加拿大积极倡导所谓"多元民族主义"，努力保持其北极地区在族群、文化、传统、活动等方面的差异性，构建加拿大自我认同的"北极身份"特色，防止其北方地区被以美国文化为代表的强大现代文明力量同化。在舆论和媒体上，加拿大领导人不时地高调宣示其北极主权，先声夺人，甚至有时同美国等发出的反对声音进行强烈地抗辩。加拿大政府强调其在北极地区的主权，并不是出于虚幻的主权观念习惯，而是受到实实在在的利益驱动，即要求国际社会承认加拿大对北极地区包括"西北航道"、广阔的北冰洋大陆架、北冰洋冰面等在内的主权诉求。

（二）丹麦的北极政策

　　2012年8月，丹麦发布《丹麦王国北极战略2011—2020》文件，从和平、安全、有保障的北极、自我持续的增长和发展等五个方面对丹麦的北极政策进行了规划和分析，这也是丹麦北极政策的指导性文件。

1. 丹麦与北极的关系

丹麦王国由丹麦、法罗群岛和格陵兰岛三部分组成。格陵兰岛大部分土地位于北极圈内,法罗群岛和格陵兰岛都拥有广泛的自治权。丹麦在北极地区具有巨大的资源和利益,并且对北极地区负有责任。北极是共同文化遗产的重要组成部分,也是丹麦王国一部分人口的家园。

丹麦及其人民几百年来在民主原则的基础上发展了现代和可持续的社会。这种发展已经影响到社会的各个部门——从教育、卫生和研究到环境、贸易和航运都是如此。与此同时,今天的北极正在发生翻天覆地的变化。由于气候变化和技术发展,北极地区的巨大经济潜力已经越来越容易转变为现实。

2. 丹麦的北极政策的目标和基本原则

对丹麦而言,北极地区战略首先应是一项有利于北极居民的发展战略,其涉及国际协定、区域和全球问题等共同利益。这种发展包括从根本上尊重北极人民利用和开发自身资源的权利,尊重北极土著文化、传统和生活方式以及促进他们的权利。格陵兰岛、法罗群岛和丹麦的中心目标是,按照国际义务,并以支持健康、生产和自我维持社区的最佳科学建议为基础,作出重新管理和再利用资源及环境保护的决定。在良好的内部合作基础之上,丹麦必须与其他北极国家和对北极感兴趣的利益攸关方开展密切合作,从而制定相关的政策并建立有关机制。

丹麦对北极安全政策的总体方针以防止冲突和避免北极军事化为纲,通过积极协助对北极地区的保护,使其转变成为一个以信任、合作和互利伙伴关系为主体特征的区域。

在丹麦王国三个部分之间的平等伙伴关系中,王国将为以下各项目标全面开展工作：确保构建和平、安全、有保障的北极；确保维持自身的增长和发展；尊重北极脆弱的气候、环境和自然的发展；开展与国际伙伴的密切合作。

丹麦北极政策的努力方向：一是帮助应对北极地区面对的共同挑战，并在新机遇面前开展合作，以此共同塑造未来的北极态势。二是采取预防措施，包括开展培训和保证船舶安全，以及在搜救方面进行区域合作。三是高度重视武装部队与北极伙伴国家建立信任与合作。

3. 丹麦王国北极政策的主要措施

第一，以《联合国海洋法公约》作为北极地区和平合作的基础。一是解决大陆架延伸问题；二是与加拿大政府协商解决关于汉斯岛问题。

第二，加强北极区域海上安全。一是推动与其他北极国家和有关国家的合作，支持海洋的可持续发展。二是加强具体的预防措施，以提高北极地区的航行安全。尤其是通过与其他北极国家的合作让国际海事组织利用强制性的极地守则（Polar Code）确保格陵兰水域的安全。三是在国际海事组织的主持下，努力将游船在航行时应与紧急救援服务进行协调要求列入极地守则中（包括其他游船，如果发生海上事故其他游船会赶来救援）。在北极理事会中，丹麦将利用航行标准的知识促进游船在北极航行的"最佳实践"，也考虑更加注重游轮在驶往北极之前的港口国控制。四是继续准备格陵兰的海图，以避免在格陵兰水域发生海上事故并支持矿产资源的开发活动。五是致力于为北极地区的航行制定具有约束力的全球规则和标准，通过国际海事组织（IMO）达成一项全球航运规则的协议是高度优先事项。六是不断加强与邻国在监测、搜索和救援方面的合作。七是加强格陵兰公民参与海上安全领域的任务。八是研究建立新航线，并对其实施监督，促进海上安全和海洋保护。

第三，在北极行使主权并开展监督活动。

丹麦王国认为，北极必须是以和平与合作为特征的区域。主权的行使可通过由本国武装部队展现在该地区的军事存在得以体现，其中对北极地区开展监督活动将是丹麦部队的主要任务。王国强调加强监督合作的潜力，积极探讨在武装部队任务方面加强合作的可能性，包括格陵兰岛公民参与处理北极地区武装部队的关键任务。一是武装部队必须在格陵兰岛和法罗群岛及其周围明显存在，以行使主权和进行监督活动。通过建立北极司令部来简化北大西洋司令部的结构，并从现有部队中指定北极响应部队。二是丹麦王国将与北极其他国家加强合作，建立信任，以保持北极地区具有合作和睦邻的特点，并将继续在创建和促进北极国家之间的新合作倡议中发挥积极作用。三是探讨在武装部队任务方面加强合作的可能性，包括格陵兰岛公民参与处理北极地区武装部队的关键任务。

第四，增进对北极气候自然环境的了解。一是与国际研究力量和科学界合作，加强量化北极气候变化对全球和区域影响的努力。二是研究和监测气候变化影响及其对北极内外的人口和社区的意义，确定丹麦王国适应气候变化的措施。三是通过宣传土著人民处境，并确保遵守 2007 年以来的《联合国土著人民权利宣言》的原则，协助在争取达成新的国际气候协定的谈判中加强土著人民的权利。

第五，保护北极地区环境和生物多样性。一是通过长期监控和系统整理研究结果，加强国际标准对生物多样性的保护；二是确保北极国家的权利以及北极生物资源的勘探和利用；三是继续对远程越境污染物及其对北极生态系统和人类的影响进行监测；四是主动提供和应用关于北极地区污染物的最新知识；五是加强对北极海洋污染的预防；六是通过批准和执行《有害和有毒物质损害赔偿和责任国家议定书》和《压载水公约》，尽快参与保护海洋环境；七是加强国际间在污染控制方面的知识和经验交流，加强对漂移溢油预测的准备，以及加强海上应急准备方面的国际合作。

第六，北极资源开发利用。

矿产资源的开发。一是执行许可政策和油气行业竞争性招标策略。二是扩大与挪威、加拿大等类似地区当局的合作，并高度重视参与北极理事会工作组等相关国际论坛。三是建立国际责任和赔偿公约以及可能的国际赔偿基金，以赔偿因海上石油勘探和开采造成的污染损害。

格陵兰、丹麦和法罗群岛的能源政策目标分别是创造供应安全，减少温室气体排放和空气污染，同时为商业发展奠定基础，一个共同的目标是大幅度加强对可再生能源的利用。

生物资源的开发利用。一是在确保长期高回报的生态系统管理的基础上可持续地开发和利用生物资源，并遵守国际义务，同时保护北极土著的权利，支持渔业和狩猎业。二是基于可持续发展的原则，支持北极土著人民进行狩猎和出售海豹狩猎产品。三是在可持续发展基础上，确保包括海洋哺乳动物在内的生物资源的利用。四是确保在北极居民的参与下对北极的生物资源进行定期的科学监测。五是采取有效的管理和控制制度，打击非法、未报告和不受管制的渔业和狩猎活动。六是加强国际合作，科学管理国际水域的共享鱼类种群和渔业。七是对大型生态系统实行一种特殊的区域性审慎渔业管制。

加强国际贸易一体化。一是确保与商界的密切合作，扩大格陵兰和法罗群岛出口商品市场，消除内外部出口壁垒。二是在丹麦王国的各个关税领土内，确保尽可能遵守国际贸易条例和义务，特别是与世贸组织的条例保持一致。三是加强在格陵兰适用丹麦通过欧盟达成的双边贸易协定方面的合作。四是通过正在进行的基础设施建设来管理与他国的贸易关系。

加强科学研究。一是保持丹麦在若干北极研究领域的国际领先地位，促进国内和国际北极研究。二是努力促进丹麦、格陵兰和法罗群岛学术和科学机构参与国际研究和监测活动。三是鼓励在北极研究的资源开发和后勤方面开展国际合作。四是支持北极地区的研究与当地文化、社会、经济和商业发展相融合。五是在王国内部，不断巩固和发展研究机构之间的合作，研究人员必须熟悉北极研究资金的现有选择，确保研究环境的连续性和稳定性。六是加强对格陵兰居民的教育和培训。七是让格陵兰公民参与武装部队在北极的教育、培训和任务开展。八是加强格陵兰岛与国际社会的培训和交流合作。

第七，加强国际合作。

为应对全球挑战，制定解决方案。一是确保《生物多样性公约》战略计划目标得到落实，重点是与法罗群岛和格陵兰岛特别相关的问题领域。丹麦王国将通过生物多样性和生态系统服务政府间科学政策平台（IPBES）和全球生物多样性信息基金（GBIF），加强生物多样性和生态系统服务的国际保护及可持续利用的知识基础。二是王国将在相关的全球论坛上开展工作，以减少从海洋和空中带入北极的污染物。三是促进和保护土著人民的权利。四是丹麦和格陵兰岛支持联合国土著人民问题特别报告员的工作，同时也努力确保联合国人权理事会下属的土著人民权利专家机制（EMRIP）为促进和保护土著人民权利作出积极贡献。五是确保海事组织关于海运业发展机会的工作和决定考虑到北极和格陵兰的条件，加强海上安全，保护海洋环境和海岸带，减少温室气体排放和空气污染。

加强区域合作。一是加强北极理事会职能，以及推动北极理事会与所有与北极有关的国家和组织合作。二是强化由俄罗斯、美国、加拿大、丹麦、挪威组成的"北极五国"机制。三是积极推动欧盟制定与北极和北极挑战相关的政策，并在这方面努力确保北极人民的权益。四是推动欧盟与格陵兰岛和法罗群岛之间合作关系的发展。五是推动北极成为北欧部长理事会工作的跨学科重点领域。六是将努力促进北极圈内外各种国际组织的合作。

推动与北极邻国发展紧密的双边伙伴关系，有效地保障北极战略的多元化目标和利益。

4. 结语

丹麦王国作为重要的环北极国家之一，在北极地区具有重要的战略意义和影响，尤其格陵兰岛是各国了解和认识北极地区的重要窗口。丹麦王国的北极战略属于国家和格陵兰自治政府、法罗群岛政府之间现有的权限和责任划分范围。丹麦王国的北极战略标志着更远目标的重要里程碑，并致力于为北极地区未来积极发展奠定坚实的基础。丹麦王国由三个社会组成，每个社会都有自己的政治优先事项和社会结构。北极战略的主要目标是促进与北极发展有关的所有领域的信息交流和工作协调，从而更加明确地关注共同的优先事项，并在有共同利益的情况下促进内部和外部的合作。丹麦北极战略主要从北极地区的和平与安全、资源开发利用、国际合作、生态环境保护等方面作出了具体的规划和设计，为丹麦北极地区的发展制定了详细的目标和计划，指导整个丹麦王国北极区域的发展，对北极地区的整体发展具有重要的意义和影响。

（三）芬兰的北极政策

2021年6月，芬兰发布了《北极政策战略》，确定了芬兰北极活动的四个优先领域：一是关注北极气候变化，缓解和适应北极气候变暖；二是促进北极地区居民福祉，保障萨米土著居民的权利；三是加强北极科学研究；四是投资基础设施和物流设施。

1. 芬兰与北极的关系

芬兰是一个北极国家，也是北极理事会的八个常任理事国之一。芬兰长期以来一直是北极社区的积极成员,并在1991年召开北极国家第一次部长级会议方面发挥了关键作用。芬兰于1995年加入欧盟后,将自己提升为与俄罗斯关系良好的北方国家,并主张欧盟外交政策的北方层面。这鼓励了欧盟及其成员国将注意力转向北极地区,芬兰认为欧盟是北极事务的主要利益攸关方之一。

2. 芬兰北极政策的目标和基本原则

芬兰的目标是建立一个以建设性合作为标志的和平的北极地区,必须避免日益加剧的紧张局势和潜在冲突。确保芬兰在北极的活动随处可见,在各领域、各种场合都能听到芬兰的声音,同时加强北极地区和平、稳定和建设性合作。

一是保障北极土著人和芬兰萨米人的权益。二是加强跨学科泛北极研究。三是开发北极地区商机。四是开发利用北极地区能源矿产。五是保持芬兰在北极海洋产业和航运领域的领先地位。六是以可持续的方式利用北极的可再生自然资源,更有效地利用相关的生态系统服务及其非物质价值。七是利用芬兰公司的资源发展基础设施和相关服务,支持符合可持续发展的采矿作业,让芬兰成为生态高效的矿业先锋。八是推广芬兰清洁技术专业知识,并将其应用于对北极的开发。九是根据可持续性原则振兴并发展旅游业,致力于为该地区带来福祉。十是在北极地区提供高效的运输与交通系统,并增设过境点,确保北极海域航运的安全和环保。十一是发展北极自然保护区网络,以提高环境保护标准,明确经济活动框架。十二是将减缓气候变化和适应北极变化作为芬兰参与国际合作的重要组成部分。十三是维护北极安全和稳定,并制作最新的北极态势图,致力于开发北极的能力,并促进相关合作。十四是在地方、区域、国家当局和第三方行为者之间建立有效的跨界合作。十五是促进国际合作和支持国际条约,并将其作为芬兰所有在北极活动的基础。十六是加强国际合作，主要包括：巩固北极理事会的地位；加强北部地区委员会之间的相互合作以及这些委员会与北部地区之间的合作；消除国际贸易壁垒，打击保护主义措施；与同芬兰有共同目标的国家建立双边北极伙伴关系；与瑞典和丹麦开展合作，澄清欧盟在北极的作用；支持巩固欧盟北极政策及其在北极理事会观察员地位的努力；在芬兰罗瓦涅米建立欧盟北极信息中心。

3. 芬兰北极政策的主要措施

（1）保障土著人民权利

促进土著人民进一步参与北极国际合作；加强萨米人民进一步参与实施芬兰的北极政策；继续努力消除边界障碍，加强跨境合作，尤其要为萨米语服务提供保障，并促进萨米区域的教育合作；继续促进芬兰萨米人的真相与和解进程，加强芬兰、瑞典和挪威之间有关真相与和解进程的对话，并在制定未来措施与提出建议时实现协同合作；加强萨米语的教学以及语言巢活动；加强与土著人民的全球伙伴关系，保护其传统文化，促进传统知识的全球传播。

（2）促进北极地区社会福祉

加强北极居民和地区参与北极国际合作和制定芬兰北极政策的影响力；采用"幸福经济学"的有关办法促进北极居民的福祉；加强北极地区基本服务和公共卫生措施，促进北极地区部门之间的合作，支持北部地区各城市之间的跨境合作；积极支持和发展数字服务模式和远程医疗；通过数字技术手段，提高北极地区基础教育和中等教育的平等性，在人口稀少地区实现教育途径的多元化；促进芬兰《2020—2030年国家心理健康战略》中有关规定的实施；将艺术与文化纳入北极地区的区域、社会和经济发展措施；解决所有北极合作中的性别平等问题；通过数字化措施支持拓展新的就业机会并提振创业精神；加强保障北极地区相关工作场所职业健康与工作安全的能力；持续进行跨部门协作，从而监测、准备并响应对国内和全球健康安全的威胁。

(3) 加强基础设施和物流建设

发展欧洲核心运输网络，并将其扩展至北极地区；为气候变化对交通基础设施及其维护的影响做好准备；通过发展可持续的新型交通运输服务，从而支持旅行和运输链得到新的发展；发展能够充分覆盖替代燃料（包括电力、天然气、氢、可再生燃料和电力燃料）的分销基础设施；开发通往芬兰各地机场的旅游路线；努力确保能够按照网络原则继续进行对机场的维护和发展，并能够拓展开发直达机场的旅行路径；有效影响国际海事组织有关航运国际环境法规的制定，促进《极地水域作业国际船舶法》（《极地法》）的有效实施；对芬兰破冰船队予以维护和扩编，加强与邻国的冬季航运合作；充分发挥芬兰在冬季导航方面的专业技能，并提供在北极地区安全移动的保障服务和保护北极环境特色的人文服务；开发芬兰海运集团有关冬季航行的专业技能，使用东北航道进行货运运输；确保芬兰海运集团在发展其北极航运能力时与公共部门及私营部门开展互惠合作，发展伙伴关系，互通专业技能，加强协作交流；加强北极地区的航运基础设施建设和地图数据的可及性；确保在北极地区提供可靠和高性能的电信网络和数字服务；实现北极地区不同技术解决方案的最优解；继续改善国内和国际联系；鼓励芬兰公司与公共部门合作，寻找有效的融资模式，以促进在商业不可行地区的电信投资；继续北极理事会的工作，确保北极地区网络连接和宽带服务的可用性。

(4) 促进民生经济的发展

支持北极经济的可持续增长，保障创造高价值就业机会；确保北极需求与国内供应相匹配，积极寻找新的解决方案；通过教育和培训以及引进劳工移民等方式，确保优质人才的有效供应；形成对北极专业知识的共同态势感知，确保有关部门在采取促进工业和创新政策的措施时能产生协同效应；在北极地区发展可持续的全年旅游业；推广芬兰独有的可持续发展技能（包括可持续性旅游业、林业、数字解决方案、清洁技术和生物经济）；考察与芬兰北部邻近地区进行旅游合作的可能性；支持北极经济理事会对该区域经营者之间合作的指导和协调。

（5）发展北极前沿研究

高等教育机构和研究机构进行有关北极地区的高质量研究并对其研究成果进行广泛交流；不同行政部门将开展合作，提供北极相关领域的研究资金；积极参与北极理事会及其工作组的工作；推动加强北极研究和起草欧盟活动计划；加强学术研究与商业活动之间的联系。

（6）针对气候变化的措施

支持芬兰在缓解气候变化、逐步淘汰化石能源、分散可再生能源生产、促进改善气候方面的基础设施建设、促进循环经济与生物经济的发展和提升资源效率等方面的先锋作用，扩大碳中和城市网络，并将北极人口稀少地区的条件及其潜在影响纳入考量范围；利用公正过渡基金和可持续增长方案等可行的支持措施，促进社会平稳地实现碳中和；支持国际合作和北极合作以及欧盟减缓气候变化的行动，包括减少黑碳排放、加强适应和保护环境；通过建立与应对北极地区变化、风险、成本和效益相关的知识库，提升气候风险管理的能力，并加强对洪水风险增涨的准备工作；通过保护当地工业，特别是驯鹿畜牧业和其他传统生活的先决条件，在不断变化的气候条件下促进北极粮食安全；通过加强对受气候变化威胁的北极物种和栖息地的保护，以及加强对退化生态系统的恢复，支持阻止生物多样性丧失的措施和部署以自然为基础的解决方案；根据《联合国生物多样性公约》的知识运作模式，使用和开发管理针对自然资源及保护区的合作机制；促进国际合作，在北冰洋建立海洋保护区网络，治理海洋垃圾；通过实施对气候变化的环境和其他影响的评估，并参考有关北极环境影响评估报告所给出的建议，支持可持续的土地利用解决方案，确保为应对气候变化而使用自然资源的可持续性；加强以自然资源为基础（林业、农业、渔业、狩猎管理和驯鹿畜牧业）的工业对灾害风险的准备工作，开展包括森林火灾、病虫害等在内的风险监测，并开发预警系统；通过利用国家信息服务，建立有关应对气候及其他环境变化、节能减排、与碳中和相关问题的知识库；建立萨米人气候委员会，促进对萨米人传统知识的认知，并将其纳入支持决策的信息之中；促进与瑞典、挪威和俄罗斯有关跨境水道的合作，改善水生环境质量，使各方能在不断变化的气候条件下，可持续地使用水循环系统，并保护生物多样性。

4. 结语

芬兰是北极理事会的八个常任理事国之一。芬兰致力于加强理事会运作的先决条件，并促进其发展，以迎接日益增长的国际利益所带来的挑战。北极经济理事会在该地区经济经营者之间的沟通以及它们与当局的有效关系中也发挥着关键作用。芬兰北极政策的主要目标就是要全方位参与北极地区事务，在各领域都要有芬兰的声音，保障芬兰的国家利益。

北极理事会及其八个北极成员国是北极合作的核心。芬兰的主要目的是加强现有的安排，但芬兰并不认为有必要缔结一个涵盖整个北极区域的更广泛的公约。在联合国框架内，芬兰积极参与在全球层面保护和可持续利用公海的谈判。芬兰准备积极寻求在北极区域有效执行《公约》的解决办法，如果北极国家能够就这些协定协商达成一致意见，芬兰原则上不排除特别领域的协定。

芬兰促进与对该地区感兴趣的非北极国家的建设性对话和合作，其中许多国家已经是北极理事会的观察员。在北欧合作的背景下，芬兰在与俄罗斯、美国和加拿大的双边关系中促进北极合作。欧盟是一个重要的、建设性的北极行动者，并有潜力在这方面发挥更积极的作用。芬兰将提倡将北极合作进一步列入欧盟议程。欧盟应该追求更连贯的北极政策，其机构应该分配足够的资源，包括人员资源，以协调和执行欧盟的北极政策。芬兰的目标是与瑞典和丹麦一起保持作为北极欧盟成员国的领导作用。

（四）冰岛的北极政策

冰岛是北极理事会的八个发起国之一。与其他七个北极国家相比，在国土面积、人口规模和经济实力方面，冰岛都是最为弱小的国家。然而在北极治理中，冰岛却是表现最为活跃的国家之一。对于北极的治理与关注，冰岛于2009年4月发布《冰岛在北极》文件，此外，2011年3月的《关于冰岛北极政策的议会决议》标志着冰岛北极政策的正式出台，其中的12点原则至今指导着冰岛的北极政策实践。

1. 冰岛与北极的关系

冰岛位于北大西洋与北冰洋结合部位，跨北极圈线。从自然地理学的观点来看，冰岛也应该是一个北冰洋国家。然而，冰岛作为一个北冰洋沿岸国的身份受到一些国家的质疑，特别是受到北冰洋沿岸的挪威、俄罗斯、美国、加拿大、格陵兰的排斥。因此，对于冰岛政府而言，确立冰岛北冰洋沿岸国家的身份并获得国际社会特别是北极国家的承认，成为冰岛的重大国家利益。

在全球气候变化背景下，冰岛一方面面临北极环境变化带来的诸多风险，另一方面也迎来诸多积极利用气候变化的良好机遇。在风险方面，北极环境变化对冰岛传统农业活动造成风险，人类活动的增加也有可能对北极地区的生态稳定和环境安全带来压力。在机遇方面，一旦北极航道开通，冰岛将发挥北冰洋与北大西洋连接点的区位优势，成为未来新的世界海运格局中的重要中转站，北极地区的升温也可以吸引更多国际游客，促进冰岛旅游业的增长。

冰岛的主要工业是基于自然海洋和能源资源的可持续利用。该国可再生能源占全国能源总预算的比例最高，大约85%的一次能源供应来自国内生产的可再生能源，地热水用于为冰岛约90%的家庭供暖。近年来，旅游业已成为冰岛经济的重要支柱，冰岛也越来越重视创新和创意产业。

近年来，由于对气候变化、自然资源、大陆架的辩论，北极地区在国际事务中的重要性大大增加。虽然国际媒体的报道在很大程度上集中于北极石油和天然气供应方面可能发生的冲突（所谓的"北极竞赛"），但也将注意力引向北极国家、国际组织和其他利益攸关方目前面临的各种挑战。所有北极国家都支持《联合国海洋法公约》，但仍不能排除海洋法领域的争端，尽管争端各方都明确表示愿意以和平手段解决争端，但仍可能导致地区局势紧张。冰岛的地理位置和获得自然资源的机会始终决定着冰岛的利益。因此，冰岛必须就北极政策达成政治共识，尤其在对该区域未来发展影响最大的国家中；维护北方的经济、环境和安全利益；努力与其他国家、国际组织、自治区和利益攸关方加强合作。国家和联盟，如中国、日本和欧盟，希望对目前的事态发展产生影响，包括气候变化、能源资源开发利用和开辟新的航运路线等各种跨国因素。北约也将注意力再次转移到北极地区，尽管北约没有建立军事存在的计划。但是，其对该区域的兴趣并不局限于北极国家本身，因为其他国家和组织认为北约拥有直接或间接的利益攸关。

冰岛正式从官方层面出台涉及北极问题的政策最早可以追

溯到2005年，冰岛外交部发布了一份涉及东北航道商业利用前景的官方报告；2009年，冰岛外交部发布《冰岛在北极》文件，从六个方面较为全面地阐述了冰岛官方的北极事务立场。2011年，冰岛议会授权政府在参与北极治理之际要遵循的12项原则，被视为冰岛在北极问题上的利益宣示和政策行动方向；2013年，冰岛总统奥拉维尔·格里姆松更是明确提出国际社会成员在处理北极事务之际，应该遵循的三项原则，在某种程度上被视为"北极专属规则"（Arctic House Rules）。

2. 冰岛的北极基本原则和政策目标

基本原则：

第一，促进和加强北极理事会，使其成为北极问题最重要的协商论坛，努力就北极问题作出国际决定；防止个别会员国联合起来阻碍其他会员国参与重要决定。

第二，确保冰岛作为北极区域沿海国能够决定自身发展道路并依法提出解决区域问题的措施。冰岛的北极专属经济区位于北极圈北部，延伸到格陵兰海，冰岛在这一区域的法律地位应得到承认和加强。

第三，宣传北极地区既延伸到北极地区的冰岛本身，也延伸到与其密切相连的北大西洋部分。北极不应局限于狭隘的地理定义，而应在生态、经济、政治和安全问题上被视为一个广泛的地区。

第四，根据《联合国海洋法公约》解决与北极有关的分歧。

第五，加强与法罗群岛和格陵兰在北极贸易、能源、资源利用、环境问题和旅游业问题方面的合作，以维护国家的利益和政治安全。

第六，与土著组织密切合作，支持北极地区土著人民的权利，支持他们直接参与区域问题决策，确保土著人民能够保持并培育自身文化独特性，改善社区基础设施，提高生活水平。

第七，在协议的基础上，促进与其他国家和利益攸关方在渔业管理、气候变化等北极问题上的合作，让其他国家、国际组织和利益攸关方了解冰岛对相关问题的态度和立场。

第八，利用一切可用手段防止人为气候变化及其影响，促进资源可持续利用，保护脆弱的生态系统，保护北极地区土著人民独特的文化和生活方式，改善北极居民及其社区的福祉。

第九，加强国际合作应对共同的危机，通过民事手段维护北极地区范围广泛的安全利益，并反对北极的任何军事化。

第十，进一步发展北极地区各国之间的贸易关系，增加冰岛人民的就业机会，促进北极地区经济发展。

第十一，提高冰岛人对北极问题的认识，加强冰岛的国际宣传和国际合作，就北极问题举行国际会议和论坛，推动相关机构、研究中心和教育中心相互合作，进一步研究北极问题。

第十二，加强国内关于北极问题的协商与合作，以确保各方更多地了解北极区域的重要性、进行民主讨论并团结一致执行政府的北极政策。

政策目标：

一是挖掘北极变化的经济机遇。北极冰川融化有助于扩大人类猎取海洋生物资源的地理范围，掀起北极旅游热潮，提升北极航道的商业利用率，方便勘探和开发北极区域的石油和天然气资源。二是应对北极变化的潜在风险。北极海冰大面积融化影响北极生物的生存，破坏该地区的自然生态环境，同时，反射阳光的冰面转化为吸收热量的海水，会进一步加速全球变暖；北极地区人类活动范围和强度的增加，不利于北极生物资源的保护和生态环境的维护。在经历了2008年的金融危机之后，冰岛愈来愈重视把经济发展的重心投射到与资源相关的实体经济之上，而北极地缘政治和地缘经济地位的提升，着实为冰岛重构外交政策重心、转变经济发展模式、增强对外界风险的抵抗能力提供了历史机遇。

3. 冰岛参与北极事务的主要政策主张

（1）努力争取国际社会对其北冰洋国家身份认同

冰岛政府重视自身的北冰洋沿岸国家身份，重点参与关于北极事务的国际决策进程，发起倡议，与相关机构合作，提出法律、生态、经济和地理论据，进一步确保冰岛在北极地区的法律地位，确保同该地区其他沿岸国家平等。

（2）积极利用北极理事会机制推进其北极政策意图

冰岛政府积极发挥自身作用，与其他北极国家一道促成了北极相关法律的制定，推动并且强化北极理事会在北极治理中发挥核心作用；在理事会框架下签订《北极搜救协定》和《北极油污预防协定》，改变理事会原先的政策塑造作用，强化自身在北极治理中的主导地位，进一步提升北极理事会的国际影响力；针对北冰洋沿岸五国试图构建"北冰洋五国机制"的行为，冰岛总统、总理以及外交部长先后在不同场合进行了批评，并成功影响了美国在该问题上的态度。

（3）整合内部资源，建立国内协调保障机制

一是建立官方跨部门之间的协调机制。2013年4月，冰岛外交部在其内部设置五人工作组，加强内部的协商与交流。2013年10月，冰岛总理宣布成立北极事务部长委员会，以推动政府内部多部门之间的信息交流和资源互通。该委员会主席由政府总理担任，其他四个成员分别是冰岛外交部长、内务部长、产业和创新部部长以及环境和自然资源部部长。

二是推动国内学术界和经济界内部的资源整合和信息分享。在学术界，2013年，冰岛政府支持冰岛大学成立北极政策研究中心并以此为国内北极科研机构提供合作平台，推动国内北极问题的跨学科研究，打破以往单独学科研究的局限性；在经济界，2013年4月冰岛政府推动建立了北极商业委员会，以创造一个良好的商业环境，确保冰岛的企业能在未来的商业机遇中

具备较强的竞争力。

（4）主导成立北极圈论坛，提升参与北极治理的国际话语权。2013年10月冰岛发起成立了北极圈论坛，为政商精英、科学家、环境专家、原住民以及其他利益攸关方讨论北极事务提供平台，鼓励各方就北极问题开展对话，交流观点，使冰岛首都雷克雅未克成为国际社会成员探讨北极经济开发和环境保护的中心；冰岛政府在域外国家参与北极事务上展现了开放性和包容性的态度和立场，赢得了这些国家的赞赏，大大提升了冰岛在北极事务当中的话语地位和影响力。

（5）深化与格陵兰岛、法罗群岛的合作，打造参与北极治理的支撑点。冰岛政府深化与格陵兰岛、法罗群岛的合作关系，形成联合国气候变化谈判中的"岛国联盟"。在政治层面，增强在北极事务上的话语权，重视并推动西北欧理事会成为三者参与北极治理的代言人。在经济层面，冰岛与法罗群岛在2006年签署双边自由贸易协定，力促格陵兰岛加入，实现真正意义上的西北欧自由贸易区；2012年，冰岛和格陵兰岛自治政府成立贸易委员会，2013年冰岛在格陵兰岛设立领事馆，成为世界上第一个在格陵兰岛设立领事馆的国家。

4. 结语

冰岛位于北极地区，但其北冰洋沿岸国家身份常常受到质疑，因此冰岛政府十分注重赢得国际社会对其北冰洋沿岸国家身份的认可，同时，自然资源和能源的可持续利用对冰岛的经济发展至关重要。冰岛政府为了挖掘北极变化的经济机遇、应对北极变化的潜在风险，积极参与北极事务治理。冰岛政府基于十二项原则制定了北极政策，冰岛政府努力争取国际社会对其北冰洋沿岸国家地位的认可；利用北极理事会机制推进其北极政策意图；整合内部资源，建立国内协调保障机制；主导成立北极圈论坛，提升参与北极治理的话语权和影响力；深化与格陵兰岛、法罗群岛的合作打造北极实力的支撑点。

（五）挪威的北极政策

2020年1月，挪威政府向挪威议会提交了《挪威政府的北极政策》白皮书①。该政策文件认为进一步将挪威北部发展为一个强大、有活力的地区是保护挪威在北极利益的最佳途径。同时，政策文件强调了与挪威北极邻国和伙伴进行双边、区域和多边合作的重要性，强调北极理事会、巴伦支海欧洲—北极理事会、波罗的海国家理事会、北方维度和欧盟的跨境方案为对话和实际合作提供了坚实的架构。该白皮书共由8部分构成："介绍""国际法框架""挪威在北极的外交和安全政策""北极的气候和环境""北方的社会发展""价值创造和能力发展""基础设施、交通和通信""民事保护"。

1. 挪威与北极的关系

北极在挪威人的心中有着特殊的地位。这个国家的名字通常被认为是"北方之路"的意思。挪威近一半的领土位于北极圈以北，包括诺尔兰郡、特罗姆斯郡和芬马克郡，以及斯瓦尔巴群岛和扬马延岛。挪威约9%的人口生活在北极圈北部，比世界上任何国家都要多。挪威北部面积占挪威大陆领土的35%，北极海域面积约为150万平方公里，相当于法国、德国和西班牙陆地面积之和。由于北大西洋暖流或墨西哥湾流的影响，挪威北极地区的生活条件与其他类似纬度地区的生活条件有很大的不同。该地区是挪威一些在海洋研究、渔业和自然资源管理、气候变化和环境研究、北极创新和海洋基础工业可持续发展等

---

① The Norwegian Government's Arctic Policy-regjeringen. no，https://www.regjeringen.no/en/dokumenter/arctic_policy/id2830120/.

领域的领先学术和研究机构的所在地。海洋资源是挪威国民经济的基础。挪威先后于 2004 年发布了《北方的机遇与挑战》，2011 年发布《高北：愿景和战略》，2006 年发布《挪威政府的高北战略》，2009 年发布《北部新建筑群：政府高北战略的下一步》等关于北极地区的战略。

在《挪威政府的北极政策》中，"北极"是指北极点和北极圈之间的海洋和陆地区域。在"北极"的定义中，挪威选择遵循沿郡的边界划界，并包括了整个诺尔兰郡。对于"挪威北部"的定义是：传统上，挪威最北的地区并没有被称为北极，但现在公认的做法是将挪威北部称为北极和高北地区的一部分。由于墨西哥湾流，挪威北极地区的气候条件，包括温度和冰覆盖情况，与北极其他地区有很大的不同。

2. 挪威的北极政策目标和基本原则

（1）挪威的北极政策目标

挪威的北极政策侧重于国际战略/愿景，与巴伦支地区、芬兰、挪威和瑞典最北部地区（在北欧国家被称为北卡洛特地区）邻国的关系，以及挪威北部的发展。挪威新北极政策认为北极地区的经济和社会发展是挪威的重要问题，有助于整个国家的经济增长。

挪威在北极地区的政策目标是：维护区域和平、稳定；促进国际合作，维护国际法律秩序；整合基于生态系统的管理；增加就业、创业机会，促进价值创造；促进商业部门和知识机构的密切合作；实施有效的福利计划，提升挪威北部的吸引力；扩大与其他北欧国家的合作；加快经济结构调整进程；促进商界和高等教育部门密切合作；在北方创造有吸引力的就业机会；促进技术发展。

（2）挪威北极政策基本原则

第一，强调用一致和可预测的方法以及强有力和可信的防御，加强挪威在北极地区的防御能力。

第二，加强合作，鼓励挪威的科研机构继续发挥作用，确保有关北极的国际辩论是基于事实和全面的分析。

第三，促进对国际法的尊重。

第四，应对气候变化和北极环境。挪威政府将采取措施重组挪威经济，在21世纪中叶促进挪威转型为低碳社会，并将继续协助其他国家努力减少排放。

第五，致力于联合国可持续发展目标。挪威政府的海洋政策侧重于全球领导地位、清洁和生产性的海洋、商业发展、知识和技术以及健全的管理。

第六，保护国家土著社区的身份和文化。土著问题是挪威北极政策的优先事项，政策提出政府将与萨米人协商，探索加强萨米文化、文化产业和旅游业的新方法。

第七，推广克文/挪威芬兰人的身份和文化。挪威芬兰人与挪威有长期的联系，并在北极的发展历史上留下了印记。克文语在挪威被认为是一种少数民族语言。政府将促进保护克文语和克文/挪威芬兰人的文化和社会。

3. 挪威北极政策的主要措施

（1）外交和安全政策

挪威在外交与安全政策措施中明确将继续推行促进北极地区安全、稳定和利益合作的政策。挪威的安全和国防政策是基于在发生战争或危机时得到盟国支持的保证。挪威和盟军必须在挪威境内和境外进行训练和演习。

在军事方面，作为确保挪威防御的关键组成部分，挪威制定政策措施保持和发展与美国军队和其他盟国在北方进行训练和演习的合作，以及促进和寻求对盟军在北极进行的军事活动施加影响。在军队建设方面，挪威分别对不同军种及人员结构提出相关措施，通过增加人员数量来加强海军力量，护卫舰和潜艇将进行必要的升级。空军方面，在 2025 年之前的几年中，空军将优先引进新的飞机系统。警卫队方面，国民警卫队将继续推进现代化，其中包括提高前线武器、弹药和其他物资的运输能力。在特种部队方面，增加人员数量和一个额外行动任务组，提高特种部队为国内和国际行动做出贡献的能力。在人员与新技术方面，增加国防部门高技能且敬业的军事人员以及文职人员的编制数量，以加强武装部队的战备能力及战斗力；推动人事结构多样化的改革，以增强挪威武装部队的作战能力和战备状态；加强国防部门的创新体系，并对技术开发采取综合办法。在加强盟军方面，挪威通过向跨大西洋安全共同体提供态势感知，在北极地区开展行动并进行监测，从而在北约中发挥重要作用；加强盟军在挪威及其附近的存在、训练和演习，挪威武装部队将继续与美国、英国、荷兰和德国等其他重要盟国的军队进行训练和合作。

在安全政策中，挪威的国防和威慑政策基于维持有效的国防防御，并在发生战争或危机时保证盟军增援。挪威安全政策的这些既定原则将保持不变，但将根据需要进行调整，以考虑到安全情况的事态发展。挪威武装部队在行使主权和权力以及在北方提供态势感知方面所发挥的作用是政府北极政策的一个重要组成部分。挪威正在通过投资战略能力来加强在北极的存在，最著名的是 F-35 战斗机、P-8 海上巡逻机和新潜艇的使用。挪威重视加强挪威武装部队在北部与盟军计划联合行动的能力，保持和加强挪威在该地区的国家存在和活动，同时，设法为盟军在挪威附近地区的军事活动设定明确的参数，以避免紧张局势的升级。挪威承受复杂威胁的能力取决于跨部门的良好协调和信息交流。挪威警察安全局主要负责在国家层面跟踪威胁，重点关注可能在挪威构成威胁的行为者。

挪威北极外交和安全领域政策还提出将鼓励国际社会对挪

威北部文化场景的兴趣，并且通过与其他北极国家的合作和对话等方式，继续促进关于北极的基于知识的国际辩论。在此方面，文件分别阐述了与北约、美国、俄罗斯、北欧、巴伦支海、北极理事会、欧盟、中国以及土著人民等国家、地区及组织的合作交流。

（2）气候和环境政策

在应对气候变化方面。根据《巴黎协定》，挪威2030年的目标是，与1990年相比，到2030年将温室气体排放至少减少50%，甚至于接近55%。挪威正在与欧盟合作，以期实现这一目标。政府计划到2050年将挪威转变为一个低排放的社会。到那时，挪威温室气体的排放量将减少90%—95%。

在监测海洋酸化方面。挪威政府提出继续监测北冰洋的气候变化和海洋酸化情况。

在保护生物多样性方面。挪威政府计划继续努力建立海洋保护区；努力确保对海洋生物资源和海洋生物多样性管理；继续在北极理事会下的保护区网络和生态系统管理网络上的北极合作，以及在巴伦支海生态系统管理的科学基础上的挪威—俄罗斯合作。

在应对海洋垃圾方面。根据挪威的倡议，已经建立了挪威—俄罗斯在海洋垃圾方面的积极合作。挪威为此提供了专项资金，以便在研究院、学术机构、商业部门（包括渔业）和当局之间建立合作。

在北极自然生态环境管理方面。文件指出政府将为挪威的自然环境保护制定一个综合的环境管理计划框架，并为挪威北部基于生态系统的自然环境管理建立一个更综合的知识库。《自然多样性法》[①] 下的区域保护是保护最有价值的栖息地和生态

[①] Nature Diversity Act-regjeringen. no, https://www.regjeringen.no/en/dokumenter/nature-diversity-act/id570549/.

系统的重要工具。

在水域海洋管理方面。挪威将根据气候变化在不同排放情景下对海洋生态系统的直接和间接影响，以及其他相关因素进行风险分析。挪威政府还提出进一步发展海洋产业和社会海洋依赖部门适应气候变化的知识库。

(3) 社会发展政策

在青年领域，挪威政府将鼓励进一步发展年轻人之间的跨境接触和合作机会，支助一些促进北方青年跨境合作的国际网络和方案。

在人才吸引领域，制定针对小城市和城市中心的战略；评估缺乏住房使边远地区的雇主难以招募劳动力的程度；促进挪威北部各市之间更系统的合作，为人民提供高质量的服务，促进商业发展；鼓励企业在北极地区进行投资，吸引人才，促进全国城镇的环保发展，为人们提供良好的生活质量与商业条件。

在民族文化方面，挪威制定了《萨米法案》，与萨米语议会进行协商，总结关于萨米语语言和文化的现有专门知识，并评估进一步发展这一领域知识的必要性，积极采取措施，振兴克文语和民族文化，促进文化传播。

在经济增长领域，2020年，挪威宣布了对斯瓦尔巴群岛附近海域实施重油禁令的计划，减少重油泄漏；在石油价格大幅下降期间采取税收措施，减少对挪威石油业的威胁，继续在大陆架上寻找新的资源，投资项目开采石油资源；修建铁路，形成贸易路线，为沿岸地区带来商业机遇，促进土著人民萨米人的参与，减少对萨米人文化和生计的损害；

(4) 经济领域

在油气开发方面，提出了促进石油和天然气盈利生产的措施。

在矿产开采方面，挪威将对《矿产资源法》进行严格审查，以加强今后可持续的矿产开发框架，评估与萨米人权益有关的问题；促进从海底勘探和开采矿物，并根据《海底矿物法》在挪威大陆架上进行矿物开采的相关审批程序。

在农业及畜牧业方面，利用适应自然条件的生产方法，促进挪威北部农业部门的价值创造；促进生态、经济和文化上的可持续发展；探索能够充分为驯鹿牧民提供援助以处理当局和开发商利益的措施；制定关于驯鹿畜牧业地区发展规划的新指南。

在渔业方面，促进挪威北部渔业资源的价值创造，改善资源控制，促进鱼类资源可持续发展，并确保渔业部门的竞争条件平等。

在空间设施与服务部门建设方面，跟进有条件承诺资助建立 Andøya 空间港，Andøya 空间中心小型卫星发射场；评估、借鉴对小型卫星研发使用更好的国家的经验，满足北极和海上用户的需要。挪威在未来 2021—2027 年继续参与欧盟空间计划，其中包括参与所有旗舰计划：伽利略和 EGNOS（卫星导航）、哥白尼（地球观测）、全球卫星通信（卫星通信）和空间态势感知（SSA）；采取措施确保挪威能够参与并竞争哥白尼方案下的合同，以改善北极气候和环境模型，作为环境当局作出决策的基础。

在企业投资方面，挪威政府将建立一个北极投资平台，以及设立一个投资基金，公共和私人资金均由挪威政府北极部门管理；在 2021 年修订预算中确定该基金的重点和预算框架，并起草一份关于挪威北部早期资本市场的报告，评估在投资基金到位并开始生效后为增加资本准入而实施的措施。

在机构联系方面，强调在商业部门、研究界和知识机构之间建立更紧密的联系对实现北方增长也同等重要；鼓励各机构和部门在征聘和人才发展方面的合作，以增加挪威北部获得相关技能和知识的机会，并强调挪威将继续优先考虑海洋研究，确保渔业和其他海洋资源的可持续管理；促进雇主、商业部门和高等教育之间更密切的合作，以满足社会对技能和知识的需要，并促进有针对性的学生教育方案。

在出口方面，2020 年秋季，政府提出了一项出口行动计划，制定了在新冠疫情期间和之后支持挪威商界的措施，增加全球市场出口商品和服务中有竞争力行业的数量。

（5）基础设施、运输和通信领域

在改善基础设施质量方面，挪威继续努力加强对北极突发污染的准备和反应；进一步发展挪威石油泄漏准备和海洋环境中心，并考虑采取措施将该中心的活动集中在海洋垃圾处理上；根据关于港口和可通航水域的新法案中国家对改善可通航水域提出的责任，考虑与渔港有关的适当项目；继续努力限制对环境或萨米人利益的任何负面影响。

在运输网建设上，提出编制一份关于未来运输解决方案的概念评估报告，涵盖挪威北部运输系统的所有方面；继续为挪威北部提供大量资金，发展公路网；优先考虑与负责郡公路网和公共交通的挪威北部各郡保持对话；为确保可靠的能源供应，计划建设一个长途传输电网，将电力输送到需要的地方。

在建设电子通信网络（宽带和移动网络）方面，考虑引入宽带服务；确保芬马克的所有市政当局有安全可靠的电子通信环境；改善数字基础设施，增加北方人民和企业的流动性，为在挪威北部的城市中心和偏远地区的人民创造就业机会。

（6）民事保护政策方面

在直升机搜救能力方面，提升搜救直升机的搜救能力；努力在特罗姆瑟（Tromsø）建立一个新的救援直升机基地，以提高北部搜救直升机的运用能力；根据有关北海地区国际搜救合作的协定，进一步发展在解决北极共同搜救挑战方面的合作；继续与俄罗斯在瓦兰格峡湾外围举行的年度搜救演习，以加强在巴伦支海发生事故时的搜救准备和互助。

在通信服务方面，挪威提出从 2023 年开始，为北极的民用和军事用户提供宽带，以及通过扩大高频无线电通信的覆盖范围和监测来自沿海无线电电台的呼叫和遇险通道，改善北部水域的紧急通信。

在北极海洋安全和环境保护方面，强调挪威在国际合作中的主导作用；加强对突发污染的准备，防止和限制在发生石油泄漏及其他污染事件时造成的环境损害。

在促进挪威北部安全方面，注意促进粮食安全，继续在公共卫生领域和应对方面进行广泛的跨境合作。

（7）维护边界权益方面

一是挪威海域边界。挪威为探索和开发自然资源而对其大陆架行使主权。未经挪威同意，任何人不得在挪威大陆架上开发石油、矿藏或定居的物种。除挪威大陆架外，对于北极海洋划界问题，挪威已经与冰岛、丹麦（格陵兰岛）和俄罗斯签订了划界协议。2006 年，挪威和丹麦与格陵兰地方自治政府就划定格陵兰和斯瓦尔巴群岛之间的大陆架和渔业区达成了一项协议。2019 年 10 月，挪威分别与冰岛和丹麦/法罗群岛签署了两项协议，讨论了香蕉洞南部 200 海里以外的大陆架的划分。挪威 1957 年就瓦朗厄尔峡湾地区与苏联的海上边界达成协议。从 2004 年起，挪威领海的宽度从 4 海里延伸到 12 海里，并建立了一个延伸到 24 海里的相邻区域。2007 年，挪威和俄罗斯就瓦朗厄尔峡湾地区一条 73 公里长的划界线达成协议。2010 年，经过 40 年的广泛谈判，挪威和俄罗斯签署了《巴伦支海和北冰洋海上划界与合作条约》。

二是挪威陆地边界。挪威与俄罗斯签订了新的边境协议。挪威—俄罗斯的陆地边界从瓦朗厄尔峡湾（Varangerfjord）延伸到 Krokfjellet 的边界点，挪威—俄罗斯、挪威—芬兰和芬兰—俄罗斯的边界交汇处。

1972 年挪威和瑞典之间的《驯鹿放牧公约》于 2005 年到期，

2009年，挪威和瑞典签署了一项新的驯鹿放牧公约，但仍在审议批准该公约。挪威和芬兰之间的新驯鹿围栏公约于2017年1月1日生效。瑞典、芬兰和挪威就2016年北欧萨米公约的案文达成协议。《公约》的总体目标是加强萨米人民的权利，使他们的文化、语言和生活方式能够尽可能不受本国边界阻碍。萨米议会理事会表示希望对该案文进行某些修订，而政府的观点是，公约案文目前令人满意。政府将努力推进这一事项的签署和批准。

4. 结语

挪威有将近一半的领土位于北极圈以北，但是挪威受到北大西洋暖流或墨西哥暖流的影响，气候和生活条件与同纬度地区大不相同。挪威政府为了促进区域的和平稳定，加强国际合作，维护国际法律秩序，增强生态系统的管理，增加就业机会，促进商业部门和支持机构的合作，提升人民福祉，促进区域技术发展，应对全球健康和经济危机制定了北极政策，在外交和安全政策、气候和环境政策、社会发展政策、价值创造和能力发展政策，基础设施、运输和通信政策，民事保护政策以及边界政策方面作出了部署。

（六）俄罗斯的北极政策

2020年3月5日，俄罗斯总统普京批准《2035年前俄罗斯联邦北极地区国家基本政策》[①]（以下简称《北极政策》）。这是对2008年制定的《2020年前及更长期的俄联邦北极地区国家政策基

---

① Указ Президента Российской Федерации от 05.03.2020 № 164 · Официальное опубликование правовых актов · Официальный интернет-портал правовой информации, http://publication.pravo.gov.ru/Document/View/0001202003050019.

本原则》①的更新与发展。《北极政策》明确了俄罗斯在北极地区的国家利益，面临的主要威胁和挑战，以及重点任务和相关措施，展现了俄罗斯开发北极以带动国家经济发展、提升北极地区军事部署以维护北极利益的战略意图，是俄罗斯为保障国家安全和北极利益而制定的纲领性文件。《北极政策》共由5部分构成："总则""国家在北极的安全状况评估""俄罗斯北极政策的目标、基本方向和任务""俄罗斯联邦北极政策的基本实行机制""俄罗斯联邦北极政策实行效率的关键绩效指标"。

在《北极政策》基础上，2020年10月26日，俄罗斯政府又批准了《2035年前俄联邦北极地区发展和国家安全保障战略》②（以下简称《北极战略》），形成指导北极发展的新战略文件体系。该文件是对《北极政策》的重要落实，同时也是对《2020年前俄联邦北极地区发展和国家安全保障战略》③（下称上版国家北极战略）的接替更新，其实施目的在于保障俄在北极地区的国家利益，实现国家北极政策设定的各项目标。《北极战略》共由7部分构成："总则""北极地区发展状况与国家安全状况评估""战略实施目标与措施""俄罗斯联邦各组成实体和自治市实施本战略的主要方向""战略实施阶段与预期结果""战略实施的主要机制""附件"。

---

① Основы государственной политики РФ в Арктике на период до 2020 года，https：//rg.ru/2009/03/30/arktika-osnovy-dok.html，2020年4月2日。以下本文引用该原则的相关内容不再作注。

② Указ Президента Российской Федерации от 26.10.2020 № 645 · Официальное опубликование правовых актов · Официальный интернет-портал правовой информации，http：//publication.pravo.gov.ru/Document/View/0001202010260033？index=1&rangeSize=1.

③ СТРАТЕГИЯ РАЗВИТИЯ АРКТИЧЕСКОЙ ЗОНЫ РОССИЙСКОЙ ФЕДЕРАЦИИ И ОБЕСПЕЧЕНИЯ НАЦИОНАЛЬНОЙ БЕЗОПАСНОСТИ НА ПЕРИОД ДО 2020 ГОДА，http：//static.government.ru/media/files/2RpSA3sctElhAGn4RN9dHrtzk0A3wZm8.pdf.

1. 俄罗斯与北极的关系

在地缘政治上，俄罗斯是北极地区面积最大的国家，拥有22.5万公里的海岸线，而北极国家的海岸线总长为38.7万公里。俄罗斯北极地区包括沿俄罗斯联邦海岸的内陆海域（12海里—22.2公里）和专属经济区（200海里或者370.4公里）。俄领土深入北冰洋的区域从东经30度到西经170度，几乎占北极圈内各国全部陆地边界总和的一半和俄罗斯全部海洋边界的3/5。俄罗斯是北极地区的重要国家，《北极战略》论证了北极地区对俄社会经济发展和国家安全保障的重大意义，主要体现在：巨大的石油天然气资源开发储备量、促进高技术和知识密集型产品的发展、北部航道的世界运输走廊意义、少数民族的历史文化价值，以及部署战略威慑力量防止敌人侵略的意义等。2008年，俄罗斯批准《2020年前及更长期的俄罗斯联邦北极地区国家政策基本原则》，该纲领性文件是俄罗斯也是世界上第一份关于北极的国家战略。此文件给俄罗斯北极地区的界定十分明确，即俄罗斯北极包含"1989年4月22日苏联部长会议北极事务国家委员会决议确定的萨哈共和国（雅库特）、摩尔曼斯克和阿尔汉格尔斯克州、克拉斯诺亚尔斯克边疆区，以及涅涅茨、亚马尔—涅涅茨和楚科奇自治区的全部或部分领土；1926年4月15日苏联中央执行委员会主席团《关于苏联在北冰洋的土地和岛屿领土公告》所确定的土地和岛屿，以及根据联合国国际法，俄拥有主权和司法管辖权的毗邻上述领土、土地和岛屿的内海水域、领海、专属经济区和大陆架"。

俄罗斯联邦在北极地区的国家利益主要体现在：俄罗斯领土与主权完整，并将北极视为世界维系稳定互利伙伴关系的领土；确保俄罗斯联邦北极地区公民的高质量生活水平和福祉；合理利用并发展俄罗斯北极地区作为战略资源基础，以达到加快俄罗斯经济发展步伐的目标；开发北海航线，提高俄罗斯联邦交通通信产业在国际市场上的竞争力；保护北极环境和生活在俄罗斯联邦北极地区领土上的土著少数民族（以下简称少数民族）的原生栖息地和传统生活方式。

《北极政策》和《北极战略》明确了俄当前在北极地区面临一系列威胁与挑战。其中，威胁因素主要分析了北极严苛自然环境影响下的人口、经济和基础建设等社会问题。主要挑战源自北极海洋国际法律不健全、其他国家及组织对俄参与北极事务的阻碍、外国加强北极军事部署以及恐怖主义活动。

《北极政策》中提出的俄罗斯在北极地区面临的国家安全威胁主要因素有：俄罗斯联邦北极地区人口减少；俄罗斯联邦北极地区大陆地带及少数民族传统居住地社会、交通、信息及通信基础设施发展缓慢；俄罗斯联邦对于矿产资源地质研究进程缓慢；国家缺少对于北极地区经济实体及相关经济项目的支持，以降低成本和风险；北海航线的基础设施，破冰、救援和辅助舰队的建设没有在规定时间内完成；陆地及空中交通工具建设缓慢，国内技术发展缓慢；俄罗斯北极地区的环境监测系统不完善，无法应对生态挑战。

《北极政策》提出确保北极国家安全的主要挑战是：一些国家试图重新审查关于北极地区经济和其他活动的国际协定的基本规定，并在不考虑这些协定和区域合作形式的情况下建立国内法律规章制度；北极海洋空间的国际法律划界的不完整性；外国政府以及国际组织对于俄罗斯联邦在北极地区进行合法的经济以及其它活动的阻碍；国外政府试图在北极采取军事行动，增加在区域内发生冲突的可能性；俄罗斯联邦在北极的威信被破坏。

《北极战略》指出对俄罗斯在北极地区的发展和国家安全构成风险的主要危险、挑战和威胁有：北极气候急剧变暖；人口自然增长率下降，移民外流以及由此造成的人口减少；居民生活质量指标相比全俄罗斯平均水平滞后，如人口预期寿命、工作年龄人口及婴儿死亡率、符合标准要求的公共道路比例、住房存量比例、住房投入使用数量等；偏远地区获得优质社会服务和改善住房的机会有限，包括少数民族传统居住地和经济活动地区等；不利的气候条件，劳动条件不满足标准，有害和危险生产因素的综合影响，职业病风险增加，造成高度职业危险；国家缺乏向偏远社区运送燃料、粮食和其他必需品的支助制度，以确保人民和经济行为者负担得起这些必需品；运输基础设施发展水平低，空运的基础设施建设费用高；由于成本高昂，需要向在远北地区和类似地区工作的人提供保障和补偿，企业竞争力低下；北极地区教育体系不满足社会经济需求；北海航道基础设施的发展，破冰船、紧急救援船队和辅助船队的建造落后于北极地区经济项目的执行；没有为北海水域的船员提供紧急疏散和医疗援助的系统；信息和通信基础设施发展不足，电信领域缺乏竞争；使用低效率且危害环境的柴油燃料发电占当地发电量比例很大；高技术和知识密集型经济部门在北极地区生产总值中的增加值份额减少，研发部门与实体经济之间互动薄弱，缺少完整创新循环；在保护和合理利用自然资源方面的固定投资水平低；可能从境外输入剧毒和放射性物质以及高危传染病；应急基础设施和公共安全系统的建设跟不上北极地区经济活动增长步伐；北极地区冲突的可能性越来越大，这要求俄罗斯联邦武装部队以及北极地区其他部队、军事编队和机构的作战能力不断提高。

2. 俄罗斯的北极政策目标和基本原则

俄罗斯北极战略的实施目的是确保俄罗斯联邦在北极地区的国家利益，如主权与领土完整、环境保护、北极资源合理利用等，并实现国家北极政策纲要中设定的各项目标。俄罗斯北极政策的目标涵盖几个方面：经济方面，俄罗斯旨在加快其北极地区的经济发展速度，为国家经济发展做出更多贡献；环境与人文方面，保护北极地区周围环境、原生栖息地以及少数民族传统生活方式，提高俄罗斯北极地区居民与少数民族的生活水平，维护俄罗斯联邦公民包括经济利益在内的所有利益；在全球层面，俄罗斯倡导在国际法律的基础上，实现互惠互利的合作伙伴关系以及解决北极范围内所有的争端。

俄罗斯政府在 2015 年颁布的新版官方政策文件《2030 年前海洋学说》① 中规定国家海洋政策的目标是实现和保护俄罗斯联邦在世界海洋中的国家利益，加强俄罗斯联邦在主要海洋大国中的地位。其中北极区域的国家海洋政策是由确保俄罗斯舰队自由进入大西洋和太平洋的特别重要性决定的。

俄罗斯北极政策实施的主要方向主要体现在：发展俄罗斯联邦北极地区的社会、经济以及基础建设，保护生态环境，加快科学技术进步，以促进北极的发展；发展国际合作伙伴关系，北极合作将集中在经济、资源、旅游、科研、生态环保等领域；在自然灾害以及人为性灾害发生的情况下，有效保护俄罗斯联邦北极地区公民以及保证领土完整，保障俄罗斯联邦北极地区公共安全、军事安全以及边界安全。军事安全和力量部署是俄罗斯维护北极战略资源和地缘经济的重要手段。俄罗斯北极战略指出发展北极地区和确保国家安全的主要方向和任务符合俄罗斯北极政策的主要方向以及国家北极政策所列的北极地区发展的主要任务。

《北极政策》明确阐述了俄罗斯各级别行政机关的具体职能。其中，俄总统负责北极地区各项事务的总体规划和统筹，是北极事务的最高决策者。2015 年成立的北极发展委员会负责协调联邦各权力机关在北极地区各项工作的展开，并履行监督职能。同时，为了确保政府对北极地区发展的集中领导，俄罗

---

① Морская доктрина Российской Федерации от 26 июля 2015-docs. cntd. ru，https：//docs. cntd. ru/document/555631869.

斯进一步扩大远东和北极发展部职权，由其具体负责制定开发北极地区的国家政策、实施法律法规管理，提升国家管理北极的效率。

《北极战略》以2024年、2030年和2035年为节点，划分出三个战略实施阶段，并详述每个阶段应达到的预期成果。此外，战略的附件设定了一系列重要指标的分阶段目标值。战略从领导管理、跨部门协调、规划计划和资金保障等方面，确定了落实战略的主要机制。一是战略的实施由俄联邦总统总体领导；二是联邦政府应负责制定并批准关于落实国家北极基本政策和实施国家北极战略的统一行动计划；三是战略的实施需要国家和联邦主体行政机构、地方自治机构、国家级科学研究院和其他科学教育组织、支持科技和创新活动的基金、社会组织、国有企业、国家参股公司，以及商业界的一致行动予以保障；四是战略实施过程中国家行政机构、地方自治机构和其他组织的任务职能分配和协调互动程序，应按照国家相关立法确定；五是战略的实施要求对《俄联邦北极地区社会经济发展国家规划》《2035年前北部航道基础设施发展计划》等相关文件做出相应修订；六是战略中的军事安全和国家边防领域任务需要通过实施《国家武器装备发展规划》和年度国家国防订货计划等来保障完成；七是战略实施的资金保障由联邦预算和预算外来源共同提供。

3. 俄罗斯参与北极事务的主要政策主张

《北极战略》与《北极政策》提出的政策实施领域及各领域主要任务相一致，且更加细化了国家北极政策中确定的各主要领域的措施。

（1）社会发展领域

《北极政策》指出俄罗斯联邦北极地区社会发展领域的主要任务如下：确保位于偏远地带包括传统居住地带以及少数民族

传统经济活动地区的紧急医学卫生救援、高质量的学前教育、初级普通教育、基础普通教育、中等职业教育和高等教育以及文化和体育领域的服务；保障公民可获得负担得起的现代高质量居所，改善居民公共服务和游牧及半游牧少数民族的居住环境；提高位于居民居住点的保障居民人身安全和（或）矿产资源中心发展基地组织的社会基础建设发展进程，完成北极经济和（或）基础建设项目；建立国家支持向偏远地区运送燃料、食品和其他重要商品的制度，以确保公民和经济实体能够负担得起商品价格；以合理的价格提供全年干线、区域间和地方（区域内）空运；确保国家履行其义务，向离开远北地区和相关地区的公民提供住房补贴；宣传健康的生活方式，引进在工作场所可增强员工体魄的公司项目。

《北极战略》规定实现北极地区社会发展主要目标的措施是：使初级保健现代化，包括使向成人和儿童提供初级保健的医疗组织单位，以及中央地区和地区医院的物质和技术基础符合提供保健的程序，并使这些组织、单位和医院具备提供保健所需的设备；为提供初级卫生保健的医疗机构配备汽车和飞机，以便将病人送到医疗机构或将医务人员送到病人的居住地，并将药品送到偏远地区的居民点，包括少数民族传统居住地；改进国家提供医疗援助资金的机制，同时考虑到人口稀少和交通偏远的人类住区；优先确保医疗组织能够进入因特网，利用远程医疗技术提供医疗援助，并发展流动医疗援助形式，包括在少数民族游牧路线上提供医疗援助；确保批准向公民提供援助的标准，根据疾病统计数字和医疗次数，为在远北地区工作的医疗组织、其附属机构或分支机构，以及在远北地区和类似地区工作的医疗组织、其附属机构或分支机构制定关于医务人员人数和设备的具体标准；为北海航道上的船只以及北冰洋上的固定和浮动海上平台提供医疗支助；发展高技术医疗援助；制定预防，包括传染病在内的疾病的措施，并采取一系列措施，使公民致力于健康的生活方式，包括转向健康饮食和减少酒精和烟草消费；为专业保健人员提供社会支助，以解决人力资源短缺问题；制定社会基础设施的最佳布局方案，包括除初级保健提供者之外的医疗组织，教育组织，提供文化、体育和体育服务的组织，方案要根据人口和人力资源预测，人口中心的交通可及性和人口稀少的特点，确保向人口提供适当服务，并更新社会基础设施；增加获得优质普通教育的机会，确保为儿童提供补充教育，包括在偏远地区和农村居民点提供补充教育，并发展远程教育技术；改善教育领域的法律和条例，为属于少数群体的人接受教育创造条件；与大中型企业合作，发展职业教育组织网络，包括建立先进的职业培训中心，并根据世界技能标准为讲习班配备现代技术设备；支持联邦大学和其他高等教育组织的发展方案，并将其与科学组织和企业结合起来；为北极地区制定保障居民健康和提供流行病福利的具体立法；消除人类经济活动和其他活动对环境的不利影响，以及气候变化对公众健康造成损害的风险，研究和评估这些变化对依赖这些变化的传染病和寄生虫病的来源和传播途径的影响；确保保护和普及文化遗产，发展传统文化，保护和发展少数民族语言；提供国家支助措施，以鼓励居住在偏远地区定居点的儿童参观文化组织（包括支付儿童旅行费用），确保当地体育团队参与地区间和全俄体育赛事，在北极地区举行全俄节日和创意活动，以及大型体育赛事；创造条件，增加系统从事文化和运动的公民的比例，提高体育设施的水平，增加这类设施的一次性使用能力；改进对干线、区域间和地方（区域内）空运的补贴机制；在人类住区创造现代城市环境，包括改善公共空间和庭院空间，同时考虑到北极的自然和气候特点，并采用先进的数字和工程解决方案；国家对住房建设提供支持，包括在少数民族传统居住地和履行国家安全职能的机构及组织所在地的居民点建造木制房屋、基础设施等项目，作为开发北极矿产资源的中心、实施北极经济和基础设施项目的基地；为离开远北地区和类似地区的公民提供住房补贴；鼓励公营公司和私人投资者参与建设和更新社会、住房、社区和运输基础设施，并参与发展少数民族传统居住地的基础设施及其传统经济活动；建立向在北极地区工作和生活的俄罗斯联邦公民提供的社会保障制度；建立国家支助系统，向偏远地区的居民点运送燃料、粮食和其他必需品。

（2）经济发展领域

《北极政策》指出俄罗斯联邦北极地区经济发展领域的主要任务如下：国家对于企业活动提供支持，包括对小型以及中型企业主体的支持，以增加其对个人投资的吸引力，保障其经济运行效率；在国家可控范围内，增加北极大陆架投资项目为个人投资所带来的利益；加快能源中心与北海航线物流相关的基础设施设备安装工程；通过国家和个人投资项目，增加开发碳氢化合物矿床和固体矿物的地质和勘探活动量；刺激难以开采的碳氢化合物储量的开发，提高石油和天然气的开采率，深度炼油，生产液化天然气和天然气化工产品；为提高水生生物资源开发和生产的效率、促进高附加值鱼产品的生产和水产养殖的发展创造条件；加强重新造林，促进森林基础设施的发展和森林资源的深加工；促进本地农产品原料和粮食的生产；发展邮轮、民族、生态和工业旅游；保护和发展促进少数民族人员就业和自营职业的传统经营部门、民族工艺和手工；确保少数民族可获得自然资源，以保持传统生活方式和发展传统经济活动；制定少数民族授权代表机制，使少数民族参与关于在其传统居住地实施工业活动和传统经济活动的决策；在俄罗斯北极地区建立中等职业和高等教育体系，以对应未来市场的人才分类要求；国家为准备移居（搬迁）到俄罗斯联邦北极地区以开展工作的俄罗斯经济活跃人口提供支持，以保证北极地区的劳动生产。

《北极战略》中确保北极地区经济发展领域主要任务执行的措施包括：在北极地区实行特别经济制度；促进向封闭循环经济过渡，私人投资进行地质勘探，建立新的和现代化的工业生产，发展技术密集型和高技术生产，开发新的石油和天然气以及固体矿藏和难开采的碳氢化合物资源，扩大石油深加工以及液化天然气和天然气化工产品的生产；国家支持投资者对交通、能源和工程基础设施进行投资，包括天然气供应、供水、管道运输和通信系统的基础设施，这些基础设施对于实施根据联邦法律和其他规范性法律文件规定的程序或标准，选择并确定的新投资项目是必要的；制定与执行国家支持少数民族传统经济活动的方案；简化向公民提供土地的程序，以便进行经济活动和法律不加禁止的其他活动；为森林和鱼类养殖区用户开发数字服务；制定和执行北极地质研究方案；继续编写必要的材料，以确定大陆架外部界限；建立和发展执行大陆架经济项目的新模式，在国家可控范围内，增加私人投资者对这些项目的参与；采取支助措施，创造和发展石油和天然气开发技术（包括大陆架上使用的技术），生产液化天然气，并确保生产适当的工业产品；鼓励在实施新经济项目时使用俄罗斯制造的工业产品；国家支持建立和更新鱼类加工综合体、养鱼企业、温室农场和畜牧业综合体的项目；制定与执行法律和组织措施，防止非法开采和销售海洋生物资源，并鼓励合法开采海洋生物资源；制定国家支持机制，加强植树造林，发展森林基础设施，对森林资源进行深加工，发展航空防火系统；国家支持在俄罗斯联邦境内建造北极冰级游轮和发展旅游基础设施；根据对合格和高技能人员的预测需求，调整联邦预算、俄罗斯联邦各组成实体预算和地方预算拨款中的核心职业教育方案系统和教育录取目标；有系统地采取措施，支持准备迁移（重新安置）到北极地区工作的俄罗斯经济活动人口。

(3) **基础建设领域**

《北极政策》指出俄罗斯联邦北极地区基础建设领域的主要

任务如下：组建破冰、救援和辅助船队，其组成必须足以确保在北海航线和其他海上运输走廊全年、安全、不间断和具有成本效益的航行；在俄罗斯联邦北极地区建立一个确保航行安全和管理重型船舶交通地区交通流动的控制系统，包括实施一系列水文气象、航行和水文支持措施；建立一个有效的报警系统，以防止和消除（尽量减少）沿北海航线和其他海运走廊的紧急石油和石油产品泄漏所产生的后果；对位于北海航线和其他海上运输走廊的水域和海港进行现代化建设；扩大俄罗斯联邦北极地区河流的航行机会，包括疏浚业务，发展港口和港口点；建造铁路线，确保沿北海航线从欧洲和亚洲地区出口产品；扩大机场和着陆点面积；确保未连接到公共道路的居民地的交通无障碍；开发独立于外国技术和信息支持设施的北极连续综合空间监测系统和手段；改善信息和通信基础设施，以便为俄罗斯联邦整个北极地区的人口和经济实体提供通信服务，包括沿北海航线铺设水下光纤通信线路；发展能源供应系统，使当地发电设施现代化，扩大使用可再生能源、液化天然气和当地燃料。

《北极战略》中确保北极地区基础建设领域主要任务执行的措施包括：全面发展北海、巴伦支海、白海和佩乔尔海的海港和海上航道基础设施；设立海上行动总部，负责管理整个北海水域的航行；通过一个数字平台，将北海航道上的运输和物流服务结合起来，该平台旨在实现乘客和货物的无纸化多式联运；建造不少于五艘 22220 号项目的通用核动力破冰船、三艘 Leader 号项目的核动力破冰船、16 艘不同功率的紧急救援船和拖船、三艘水文测量船和两艘领航船；考虑到发展北海航道的需要，发展职业教育系统；制定和批准一项方案，建造用于商业航行的货船，执行经济项目，以及在北极地区的海港和河港之间提供服务；建造枢纽港口，并设立俄罗斯集装箱运营商，以确保北海水域的国际和沿海运输；增加在贝洛莫罗—波罗的海运河、奥内加河流域、塞维纳亚—德维纳河、梅森河、佩霍拉河、奥布河、叶尼塞河、莱纳河、科里马河和北极地区其他河流流域的航运能力，包括疏浚港口和港口设施；在北海航道水域的海上运输和河流运输以及向居住区提供能源方面增加液化天然气的使用；发展北海航道基础设施和执行经济项目的同时，制定发展计划，建造（重建）机场综合体和俄罗斯联邦国家边界过境点；制定和采用工程技术解决办法，以确保基础设施在气候变化条件下的可持续运作；建设和改造地方公路，包括边远地区的居民点；部署一个提供地球极地高时间分辨率水文气象数据的高椭圆空间系统；在使用本国设备的基础上建造和运行一个高椭圆轨道卫星，为北海航道和北纬 70 度以北地区的用户提供卫星通信，并提供必要质量和速度的自动识别系统和地球遥感系统；建立横贯北极的水下光纤干线，并将当地通信线路连接到北极地区的主要港口和人口中心；确保水面舰艇、核动力装置船舶、核技术服务船和核动力发电站浮动动力装置停靠和停靠海港时的辐射安全；制定和执行一项国家支助机制，以提高与外界隔绝且难以进入的地区的发电效率，包括利用液化天然气、可再生能源和当地燃料；向传统居住地和经济活动地区的少数民族提供移动能源和通信。

(4) 科学技术领域

《北极政策》指出俄罗斯联邦北极地区科学技术领域的主要任务如下：增加在科学和技术发展的优先领域进行基础和应用研究的活动，以及在北极开展复杂的远征研究；开发和实施对北极发展至关重要的技术，包括解决国防和公共安全领域的问题，开发可在北极使用的材料和设备；开展对于北极地区危险的自然现象的研究活动，改进和运用现代方法和科技，在气候不断变化的条件下，对这些现象进行预告，并且降低这些现象对人类活动带来的危害；改善和运用高效的工程科技方法，以防止全球气候变化对基础设施带来的损害；发展保护健康的科技，以增长北极条件下人民的寿命；发展俄罗斯联邦科技研究舰队。

《北极战略》中规定实现北极科学技术发展主要目标的措施是：确定科学和技术发展的优先领域，并加强基础和应用研究活动，以开发北极；技术的开发和应用对北极的开发至关重要，包括确保开发在北极环境中开展经济活动所需的新的功能和结构材料，开发在北极自然气候条件下工作的陆地车辆和航空设备，开发保护北极人口健康和延长其预期寿命的技术；在北冰洋进行综合考察研究（包括测深、重力和声学剖面测量），为确保航行安全进行长期水文研究，包括深海水文研究，以研究水下环境；制定对北极生态系统、全球气候变化等进行国际科学研究（包括考察）的综合计划；发展俄罗斯联邦的科研船队，包括建造一个抗冰自动推进的浮动平台和研究北极的科研船；建立研究和教育中心，重点开展旨在促进北极地区发展的基础和应用科学研究；监测、评估和预测北极地区的科学和技术发展。

（5）环境保护及生态安全保障领域

《北极政策》指出俄罗斯联邦北极地区环境保护及生态安全保障领域的主要任务如下：在科学发展的基础上扩大特殊自然领土保护区和水域保护区，以保护生态系统并使其适应气候变化；保护北极地区动植物，加强对濒临灭绝动植物以及其它生物的保护；持续消除已累积的人为危害的工作；改进环境监测系统，利用现代信息和通信技术以及通信系统从卫星、海冰平台、考察船、地面站和观测站进行测量；引进现有的最佳技术，确保最大限度地减少污染物的空气排放、水体排放，并减少在经济和其他活动过程中对环境其他类型的负面影响；确保环境资源的合理使用，包括在少数民族传统居住地和传统经济活动地的使用；开发所有危害类别的综合废物管理系统，建设现代环保废物处理综合体；实施一系列措施，防止有毒物质、感染物质和放射性物质进入俄罗斯联邦北极地区。

《北极战略》中规定实现环境保护和生态安全领域主要任务的措施是：建立特别保护区，确保遵守特别保护制度，包括将其记录在国家统一不动产登记册中；使北极地区的经济和基础设施适应气候变化；查明、评估和核算对环境造成累积损害的设施，并组织消除累积损害风险的工作；利用现代信息通信技术和通信系统，发展一个统一的国家环境监测系统（国家环境监测）；根据世界气象组织的建议，开展水文气象学领域的工作，包括提高观测网的密度和改进环境观测系统的技术装备；尽量减少北极地区由于经济活动和其他活动造成的大气和水体污染物的排放，并制定国家支助措施，以便在北极地区经济活动和其他活动中采用最佳可取技术；在开发自然资源时防止对环境造成不利影响；建立一个统一的国家紧急情况预防和处理系统，以便在北海航道和其他海上运输走廊地区采取措施防止石油和石油产品泄漏；防止来自国外的剧毒和放射性物质以及危险微生物进入北极地区；定期评估人类活动对北极地区环境造成的环境和社会经济影响，包括北美、欧洲和亚洲国家的污染物转移造成的影响；定期评估位于北极地区的原子能设施对环境和居民的影响；合理使用伴生气，尽量减少其燃烧；国家支持北极地区废物管理领域的活动，改进北极地区危险废物管理系统；建立能够快速地向政府当局和公众通报与气候变化有关的紧急情况，以及危险污染物和微生物有害影响的系统。

(6) 国际合作发展领域

《北极政策》指出俄罗斯联邦北极地区国际合作领域的主要任务如下：在双边基础（包括北极理事会、沿海北极"五国"和巴伦支海理事会、欧洲—北极区域在内）的多边区域合作框架内加强与北极国家的睦邻关系；加强国际经济、科学技术、文化和跨境协作；在气候变化研究、环境保护和符合高环保标准的自然资源高效开发方面强化国家之间的合作的关系；确保北极理事会作为协调本区域国际活动的主要区域协会的作用；在与挪威和《斯匹次卑尔根群岛条约》其他缔约国平等和互利合作的基础上强化俄罗斯在斯匹次卑尔根群岛的存在，在国际法和达成的协议的基础上，考虑到俄罗斯联邦的国家利益，在划定北冰洋大陆架问题上与北极国家保持互动；协助加强北极各国的工作，建立统一的区域搜索和救援系统，防止人为灾害并消除其后果以及协调救援部队的工作；积极吸引北极及区域外的政府加入到与俄罗斯北极区互惠互利的经济合作；在文化和经济活动领域协助少数民族与居住在俄罗斯联邦境外的相关民族和族裔群体进行跨界合作、文化交流和接触，并协助少数民族在国际交流框架内根据俄罗斯联邦国际条约参与民族文化发展问题的国际合作；在国际社会宣传俄罗斯在北极地区取得的活动成果。

《北极战略》中确保国际合作发展领域主要任务执行的措施包括：开展多方面的外交政策活动，维护北极地区的和平、稳定和互利合作；确保俄罗斯联邦与外国进行互利的双边和多边合作，包括在俄罗斯联邦加入的国际条约、协定和公约的基础上进行合作；为大陆架外部界限制定国际法律文书，并继续与北极国家合作，以保护国家利益，实现北极沿海国家根据国际文书享有的权利，包括与勘探和开发大陆架资源以及划定其外部界限有关的权利；根据与挪威和《斯匹次卑尔根群岛条约》其他缔约国的平等和互利合作，确保俄罗斯在斯匹次卑尔根群岛的存在；协助加强北极国家的行动，以建立一个统一的区域搜索和救援系统，预防技术灾害并消除其后果，协调救援部队的活动，并确保北极国家在北极海岸警卫队论坛框架内进行合作；制定和执行其领土属于北极地区的俄罗斯联邦主体与国家在北极地区的经济和人道主义合作方案；俄罗斯国家和社会组织积极参与北极理事会和其他处理北极问题的国际论坛的工作；

确保北极理事会在俄罗斯联邦担任主席的 2021—2023 年有效开展工作，包括促进联合项目，包括旨在确保北极可持续发展和保护少数民族文化遗产的项目；促进生活在北极地区的土著人民与生活在外国北极领土上的土著人民之间的联系，并举办适当的国际论坛；通过与其他北极国家的青年进行教育、人文和文化交流，促进少数民族青年的全面发展；制定在北极地区实施有外国资本参与的投资项目的一般原则；组织旨在吸引外国投资者参与执行北极地区经济（投资）项目的措施；加强北极经济理事会作为北极可持续发展中心论坛的作用；俄罗斯组织与外国伙伴合作，制定和执行与北极开发和利用有关的基本和补充专业教育方案；确保执行"加强国际北极科学合作协定"；建立一个关于俄罗斯北极地区发展和在北极地区活动的多语种信息资源互联网平台。

（7）北极地区人民和领土

《北极政策》指出确保俄罗斯联邦北极地区人民和领土免受自然和人为紧急情况影响的主要任务如下：该领域的主要任务是采取科学技术和管理方法，保护人民和领土免受自然和人为紧急情况的影响，确保北极条件下水体的消防安全；发展北极综合紧急救援中心和消防救援单位，以消除水域和大陆的事故和突发事件，考虑到在北极条件下需达成的任务，改善其结构、组成、物流和基础设施，收购包括新型设备在内的各类设备；确保航空条件支持采取相关措施，以保护人民和领土免受北极条件下的自然和人为紧急情况。

《北极战略》中实现保护北极地区居民和领土免受自然和人为紧急情况影响的主要任务的措施是：查明和分析发生自然和技术紧急情况的风险，并制定预防此类情况的方案；开发技术，建立进行紧急救援工作和灭火的技术工具和设备，更新机队，发展航空基础设施和航空救援技术，以确保保护居民和领土，缩短对紧急情况作出反应的时间，同时考虑到正在执行的任务和北极地区的自然气候条件；改进保护居民和领土的方法、扑灭火灾的方法，包括使用航空设备，以及在处理自然和人为紧急情况时在北极临时安置居民和专业人员的程序；提高对关键和潜在危险设施的保护水平，确保其在北极紧急情况下的可持续性；完善保护居民、领土、关键和潜在危险设施免受自然和人为紧急情况影响，以及消防安全领域的规范性法律和规范性技术基础，要考虑到计划在北极地区建造的设施的特殊性；开发北极地区紧急情况监测和预测系统，包括处理来自空间的地球遥感数据；在国家统一的预防和消除紧急情况系统的框架内发展危机管理系统；根据正在执行的任务和自然气候条件，发展北极综合紧急救援中心，包括强化其与预防和应对紧急情况有关的技术和战术能力，改进其结构、组成和后勤支助，并扩大基地基础设施；组织和参加演习和培训，以测试北极国家应对自然和人为紧急情况的能力，包括执行重大经济和基础设施项目时发生的紧急情况的能力；确定在北极地区发生辐射事故和事件时提供援助、保护生命和健康的紧急救援设备和手段的要求；确保因自然和人为紧急情况而从居民点疏散（重新安置）公民。

（8）公共安全领域

《北极政策》指出俄罗斯联邦北极地区公共安全领域的主要任务如下：确保俄罗斯联邦内务部门和俄罗斯联邦国民警卫队在俄罗斯联邦北极地区的结构及其员工人数可保证公共安全，建立现代化基础设施，包括制定住房建设的任务；增加公民参与公共秩序保护活动积极性，促进公民自愿参与公共秩序保护活动，扩大以执法为导向的公共协会的活动，主要是在没有执法部队或需要执法部队存在的偏远地区；制定措施，预防和制止盗用分配给俄罗斯联邦北极地区发展的预算资金的犯罪；减少对公民的生命和健康造成伤害的道路事故数量，减轻其后果的严重程度。

《北极战略》中实现北极地区公共安全领域主要任务的措施是：改进俄罗斯联邦内务部门和俄罗斯联邦国民警卫队的结构和人员配备；向部署在北极地区的俄罗斯联邦内政机构和俄罗斯联邦国民警卫队提供现代化武器及弹药，以及其他后勤装备和设备，以适应北极条件；防止极端主义和恐怖主义活动；提高措施的效力，向各类适应不良的未成年人提供社会援助，并使他们康复；组织警察和其他执法团体，开展禁毒运动，组织社会禁毒团体和组织，并建立使麻醉药品和精神药物使用者全面康复和重新社会化的系统；预防燃料和能源企业、住房和公用事业企业中的犯罪以及利用信息和通信技术实施的犯罪；实施、发展和维持"安全城市"硬件和软件系统中执法部分的系统；扩大（建立）康复和适应中心网络，以便向从拘留中心获释的人提供全面的社会援助。

（9）军事及边界安全领域

《北极政策》指出俄罗斯联邦北极地区军事安全领域的主要任务如下：实施一套旨在防止对俄罗斯使用武力，保护其主权和领土完整的措施；提高俄罗斯联邦武装部队（力量）、其他部队、军事编队和机构在俄罗斯联邦北极地区的通用部队（力量）团体作战能力与作战潜力，以保证任务的完成；改进俄罗斯联邦北极地区的空中、水面和水下条件综合控制系统；建立并实行军事基础设施的现代化，确保俄罗斯联邦武装部队、其他部队、军事编队和机构的通用部队（力量）团体的正常活动。"军事装备占比"是《北极政策》提出的评判俄罗斯北极建设的重要指标。

《北极政策》指出确保俄罗斯北极地区边界完整和安全领域的主要任务如下：通过发展能够监测海洋和沿海局势的信息技术、情况分析和制定协调解决方案，提高国家边境管理的质量；发展与外国边境机构（海岸警卫队）的合作；改善边境基础设施，根据投资项目实施条款在俄罗斯联邦国家边境设置检查站；

重新装备边境当局的技术，建造配备航空综合体的现代冰级船只并更新飞机机队；提高俄罗斯联邦领空侦察和预警的能力；完成更新俄罗斯联邦领海宽度和俄罗斯联邦北极专属经济区基线系统的工作。

《北极战略》中规定确保军事安全，防卫和保护俄罗斯联邦北极地区国家边界领域的主要任务的措施是：改进北极地区俄罗斯联邦武装部队、其他部队，军事编队和机构的组成和结构；确保北极地区的有利行动制度，包括根据俄罗斯联邦在北极地区面对的军事危险和威胁的实际和可预见性质，维持俄罗斯联邦武装部队、其他部队、军事编队和机关的作战准备状态；向部署在北极地区的俄罗斯联邦武装部队、其他部队、军事编队和机构提供适应北极地区条件的现代武器，军事和专门技术；发展基地基础设施，完善俄罗斯联邦武装部队、其他部队、军事编队和机关的后勤保障系统，以确保在北极地区完成任务；使用军民两用技术和基础设施，以全面解决北极地区的国防问题。

4. 结语

俄罗斯是北极地区面积最大的国家，北极地区对俄社会经济发展和国家安全保障有重大意义。为了应对在北极地区的威胁和挑战，确保俄罗斯在北极地区的利益，俄罗斯制定了北极政策和北极战略，形成了指导北极发展的新战略文件体系，从社会发展、经济发展、基础设施建设、科学技术、环境保护及生态安全保障、国际合作发展、北极地区人民和领土、公共安全、军事及边界安全方面作出了战略安排。俄罗斯的北极政策还分阶段设定战略目标，分部门阐述具体职能，为俄罗斯实现在北极的利益提供了政策指导。

（七）瑞典的北极政策

2020年11月，瑞典政府向议会提交了《瑞典的北极地区战略》①，该文件是瑞典2011年北极战略的更新和延续，确定了北极政策主要优先事项，指出了瑞典北极外交政策的指导原则。《瑞典的北极地区战略》共由3部分构成："介绍""瑞典北极政策的优先事项""与北极地区相关的合作组织的背景"。

1. 瑞典与北极的关系

瑞典位于斯堪的纳维亚半岛的中心位置，是环北极八国之一，是北极理事会的重要成员，也是通往欧洲大陆和俄罗斯的重要门户，具有重要的战略地理意义。西博滕省和北博滕省被划分为瑞典的北极领土。这一地区约占瑞典领土的三分之一，但人口仅为50多万，相比该国南部人口稀少。对瑞典来说，北极既是国内政治问题，也是外交政策的问题。瑞典在考虑国内的北极地区以及更广泛的北极地区时不仅要考虑到外交政策的优先事项，而且还要考虑到加速变化的各种社会、政治环境和经济发展面临的挑战，包括海上事故或爆炸导致的石油泄漏及其对北极地区脆弱的环境、生物多样性和原住民的影响。

2011—2013年瑞典担任北极理事会主席。在担任主席期间，瑞典的优先事项包括：环境和气候，包括污染排放、气候变化、复原力、生物多样性和环境保护；北极人民，包括两性平等、经济发展、语言保护和粮食安全；北冰洋海陆监视；以及加强北极理事会所能发挥的作用，包括制定战略通信计划、设立常

---

① Sweden's strategy for the Arctic region，https://www.government.se/4ab869/contentassets/c197945c0be646a482733275d8b702cd/swedens-strategy-for-the-arctic-region-2020.pdf.

设秘书处和组织部门部长会议。

瑞典于2017年10月至2019年10月担任巴伦支欧洲—北极理事会主席。瑞典的主席方案着重于四个优先领域：可持续发展的环境、经济和社会方面；加强巴伦支合作；促进两性平等和加强对人权的尊重；加强跨境人际交往，特别关注年轻人。

2. 瑞典北极政策的目标和基本原则

瑞典政府的北极政策是建立在指导瑞典广泛的外交和安全政策的基本原则的基础上的，其中的核心是尊重国际法、人权、民主、法治原则和性别平等。人民、和平与气候是瑞典北极政策的中心。通过加强与北极理事会的合作，维护北极国家在促进北极地区和平、稳定和可持续发展方面的特殊作用和地位，符合瑞典的利益。为了确保北极人民的可持续发展、北极地区的持续稳定与和平，并共同应对气候变化及其在北极的影响，在北极地区运作良好的国际合作符合瑞典的利益。瑞典希望为北极各国继续共同维持在北极地区功能良好的国际合作作出贡献。与此同时，瑞典希望加强与非北极国家的合作，以应对北极地区面临的全球性挑战。

瑞典希望通过制定新战略提高其作为北极重要行动者的地位。新战略中瑞典将自己定位为一个有吸引力、创新和具有竞争力的北极国家，并从瑞典的北极能力和资源中获益，以促进增长、就业、增加福利和可持续发展，同时减少对环境和气候的影响。瑞典政府的北极政策优先事项包含以下六个领域：国际合作、安全与稳定、气候和环境、极地研究和环境监测、可持续的经济发展和商业利益以及确保良好的生活条件。

3. 瑞典北极政策的主要措施
（1）外交政策和国际合作领域

瑞典的外交政策基于多边主义和与立场相同的国家进行机

制合作的原则。瑞典的外交政策有三个优先事项：促进民主、履行和平与安全的共同责任和实施积极的外交。瑞典的外交和安全政策的主要原则是坚持围绕中立和全欧洲积极合作理念。瑞典在北极的国际合作将以其外交和安全政策的基本原则，支持以规则为基础的世界秩序，人权、民主、法治原则，性别平等和瑞典的女权主义外交政策，以及2030年议程和《全球气候行动巴黎协定》全球框架中的主要目标为指导。

瑞典在北极地区国际合作领域的主要政策是：在国际法的框架内，保持运作良好的国际关系与全球合作，建设性地处理北极所面临的挑战与机遇；为北极国家继续在北极共同维持运作良好的国际合作作出贡献；维持以规则为基础的国际秩序并尊重国际法；加强北极理事会作为有关北极问题的中心多边论坛的地位；加强巴伦支合作在与巴伦支地区特别相关的问题上的作用；加强北欧国家利益在重合的北极问题上的合作；确保欧盟与该地区的当地参与者密切合作，继续加强对北极地区可持续发展的支持；继续同非北极国家和参与者发展合作，支持非北极国家申请在北极理事会获得永久观察员地位；努力结束关于北欧萨米人公约的谈判，维护土著人民的权利、观点和利益，并为年轻人和妇女更多地参与有关北极的政治进程而努力。

（2）安全领域

瑞典在北极安全和稳定领域的主要政策是：确保北极是具有良好国际合作特征的地区，尊重包括海洋法在内的国际法；继续加强瑞典在北部和邻近地区开展行动的军事能力；致力于进一步发展和深化北欧和欧洲—大西洋安全和防务政策合作，重点是北极的欧洲部分、北部地区和北大西洋地区；加强欧洲国家和欧盟在北欧和北极的接触，并加强跨大西洋的联系；争取开展区域安全问题的有关合作；通过北极海岸警卫队论坛（ACGF）为北极地区民间危机管理和救援服务的跨境合作做出贡献；继续密切关注北极安全局势的发展，包括发现和打击对该地区施加影响和破坏其稳定的企图；鼓励开展该地区的安全和国防政策研究，以建立瑞典知识库，包括有关潜在的混合威胁，以进一步发展瑞典在北极的行动方针；瑞典还和芬兰发展密切的安全关系，加强与芬兰的合作。

（3）**气候与环境领域**

瑞典在北极气候与环境领域的主要措施是：将在执行包括北极在内的限制全球变暖的巴黎协定方面发挥主导作用；致力于加强北极理事会的环境和气候工作，并使北极理事会在减少全球长期和短期温室气体排放的全球努力中发挥更突出的作用；将在执行《生物多样性公约》（CBD）、《拉姆萨尔公约》和其他有关国际协定下的生物多样性保护方面发挥主导作用；致力于保护和可持续利用北极生物多样性，并为北极环境中具有高自然和文化价值的地区提供充分的保护；对北极的湿地和海洋生态系统进行长期和可持续的管理；在影响北极的化学品和废物处理问题以及发展无害的循环经济方面采取区域和全球行动；继续参与关于海洋垃圾的工作；努力在土地和用水规划中对环境影响进行评估；防止和限制在放射性和核紧急情况下可能产生的负面影响，涉及放射性和核材料的运输、反应堆驱动的海上运输和北极的浮动核电站；2017年6月，瑞典推出了气候政策框架，致力于在2045年达到温室气体零排放的目标。

（4）**极地研究与环境监测领域**

瑞典在北极极地研究与环境监测领域的主要政策是：继续加强北极内外的研究、环境监测和观测系统；支持和进一步发展包括气候研究在内的极地研究方面的国际合作；利用现代物流平台对北极环境进行研究，发射北极天气卫星改善北极及其附近地区的天气预报和气候监测；使用一艘重型极地级气候研究船进行全年活动；鼓励研究人员和北极土著人民之间的知识交流，努力促进传统知识的科学研究；加强北极地区的环境监测、地球观测系统和研究，并发展包括气候研究在内的极地研究方面的国际合作；参与北极大学与北极相关的研究和教育合作。

(5) 经济领域

一是维护北极地区经济可持续发展。

瑞典为北极的经济可持续发展采取行动，将在三个中心领域采取进一步管理和行动：自然资源；运输和基础设施；旅游业。瑞典在北极经济可持续发展领域的主要政策是：努力确保北极经济活动的增加有利于当地的经济增长；努力维持和进一步发展一个自由、公平和可持续贸易的健全监管框架；加快国际合作步伐，保护北极独特环境，并将该地区使用自然资源的负面影响和风险降至最低；通过创新和可持续的环境技术，瑞典公司帮助减少因北极经济活动和向循环经济过渡所造成的环境破坏；政府将在欧盟、经合组织和北极理事会发起联合倡议，为全球可持续矿产工业的发展作出贡献；研究可持续生产金属产品的商业模式；通过在欧盟的合作，将继续执行《防止北冰洋中部不受管制的公海渔业协定》，并将以其他方式促进北极地区渔业的可持续管理；与北欧邻国和俄罗斯密切合作，发展北极的长期可持续运输系统；积极支持国际海事组织正在进行的减少航运中排放温室气体的工作；与该区域其他国家以及各行动者之间进行合作，发展可持续和有吸引力的旅游目的地。此外，瑞典还大力促进区域经贸合作，通过欧盟推动贸易自由化，降低关税，消除贸易壁垒促进服务业数据的自由流通；鼓励私营部门大量投资北极地区进行创业，实施新工业化战略；改善瑞典现代工业生产条件，特别是采矿业部门的生产条件，推动瑞典成为世界工业的领先者。

油气资源方面，瑞典没有自己的油气资源，不参与该地区的能源政策合作。瑞典能源政策的方向是使用100%的可再生能源来安排能源供应。向风能和太阳能以及电能等循环和新能源技术的过渡，产生了对在北极和其他地方发现的稀土金属和其他金属的更大需求。对海上金属开采的兴趣预计会增加，需要制定监管框架和形成知识以防止负面影响。瑞典政府在北极进行生物能源领域的持续性投资，公共交通领域不再使用生物燃料，建设不使用化石燃料的运输走廊；建立生物燃料地区，将沼气用于交通运输。

矿产资源方面，采矿业是瑞典经济的重要组成部分。将促进矿产资源的可持续开发；同时获得萨米社区对于政府在城镇周边进行采矿活动和土地使用的认可。

渔业资源方面，瑞典关注拥有渔业利益的区域渔业管理组织（例如东北大西洋渔业委员会）的工作，并将继续努力达成关于分配渔业可能性的协议，包括所有沿海国家和其他有直接渔业利益的国家。瑞典是防止北冰洋中部不受管制的公海渔业协定的缔约国，并继续关注与北极相关的国际海洋勘探理事会（ICES）的工作。

瑞典政府对欧洲委员会关于将跨欧洲运输网络斯坎梅德的核心网络走廊通过瑞典连接到纳尔维克和奥鲁的建议持积极态度；将在北极地区进行联合海空监测，这有助于安全和环保的航运；将积极参与和推进国际海事组织正在进行的监管工作，以及为减少航运对气候的影响而采取的技术和业务行动。

二是在北极的商业利益

瑞典在北极商业利益领域的主要政策是：努力将北极环境中的技能和活动经验用于商业部门的利益；向北极地区吸引国际投资；通过商业部门、学术界和公共部门之间的合作，加强瑞典北极地区的创新能力和区域优势。

瑞典将会通过开发性服务解决社会面临的艰巨挑战，尤其是收集数据与应对气候变化；通过联合开发可燃冰、开展气候技术研究以及扩大太空活动来完善自身北极优势；通过将有利的寒冷气候和可持续、可靠的电力供应结合起来，吸引大量外国直接投资。

瑞典有望在北极地区提取几种金属和矿物，以进行新的环境和技术创新。瑞典利用自己的原材料,包括初级和二级原料,尽可能有效地进行可持续矿产开采。同时,瑞典公司也有机会将智能采矿技术出口到其他国家,从而进一步为全球气候转型作出贡献。森林原材料的创新提炼技术使瑞典公司有可能出口有竞争力的木材产品,同时将残渣用于气候智能替代品,以减少化石原材料的使用。瑞典有能力稳定地生产、利用可再生能源。水电、风能和太阳能的开发为瑞典公司提供了竞争优势。通过进一步加强其北极品牌定位,瑞典公司继续开发具有竞争力的世界级体验产品。政府与当地相关部门合作,将旅游业的潜力看作当地的战略资源,开发并保护萨米社区文化。为了实现这个目标,瑞典正寻求将当地旅游业的角色向商业转变。同时瑞典的文化多样性是一项巨大的资产,其游客产业、文化产业和美食行业的潜力都是巨大的,瑞典通过与挪威和芬兰的跨境合作来增强自身在北极的优势。

(6) 确保北极地区具有良好的生活条件

瑞典在确保良好的生活条件领域的主要政策是:政府将提供智能解决方案和发展强大的基础设施,包括数字基础设施,以在北极地区创建有吸引力的社区;努力保护和发展北极土著人民的身份、文化和传统生计;为以长期可持续驯鹿畜牧业和其他萨米生活为基础的萨米文化而工作;促进萨米语和其他北极土著语言的保护,并分享瑞典人关于振兴工作的经验;在北极理事会和巴伦支欧洲—北极理事会等与北极相关的合作机构的所有活动中,以性别平等的角度开展工作;使北极地区的所有年轻人都有良好的生活条件,有能力塑造他们的生活,并对社会的发展产生影响,鼓励青年人参与传统行业。

4. 结语

北极地区领土是瑞典的重要组成部分,其战略意义和经济意义日益凸显。瑞典政府为了应对快速变化的气候以及地缘战略环境更新了北极战略。该战略指出了该地区变化的环境，阐述了瑞典外交政策的指导原则，明确了瑞典政府在北极地区相关目标和主要优先事项。瑞典政府致力于加强有关北极问题的国际合作，在全球范围内减少温室气体的排放，应对气候变化，保障区域内经济、环境和社会的可持续发展，同时提升地区人民的生活条件。瑞典政府制定的一系列战略旨在把该国打造成具有吸引力、创新力和竞争力的北极国家，提升自身在北极地区的战略影响力，促进自身和全球的可持续发展。

对瑞典来说，北极既是国内政治问题，也是外交政策问题。因此，任何试图理解斯德哥尔摩对其北极地区以及更广泛的北极地区的做法，都必须不仅考虑到其外交政策优先事项，而且必须考虑到其国内需求和对正在加速进行的各种社会、政治、环境和经济发展的敏感性，其中包括由于海上事故或勘探地点发生石油泄漏的可能性及其对北极脆弱的环境、生物多样性的潜在影响。尽管如此，瑞典对该区域未来发展轨迹的关切在这两个方面都有许多重要的相似之处，包括有效和包容性的治理、环境保护、和平与安全以及经济可持续增长。

（八）美国的北极政策

为了阐明美国在北极问题上的基本立场，阐释美国参与北极事务的政策目标、基本原则和主要政策主张，美国相继出台了多项政策以及战略实施计划。

国家层面，2013 年 5 月美国发表《白宫北极战略》；2014 年 1 月美国发布《北极地区国家战略实施计划》；2016 年 3 月美国更新了《北极地区国家战略实施框架》。

国防部方面，2013 年 10 月美国发布第一个《国防部北极战略》；2016 年 12 月美国更新了《国防部北极战略》；2019 年 6 月美国再次更新了《国防部北极战略报告》。

海岸警卫队方面，2013年5月美国发布了《海岸警卫队北极战略》；2019年4月美国更新了《海岸警卫队战略展望》。

海军方面，2009年10月美国发布第一个《海军北极路线图》；2014年2月美国发布第二个《海军北极路线图》；2019年1月美国发布第三个《海军北极战略愿景》；2021年1月美国发布第四个《海军北极战略蓝图》。

在其他领域，美国2020年7月发布了《空军北极战略》；2021年1月发布了《国土安全战略方针》；2021年1月发布了《陆军重获北极优势》。

1. 美国与北极的关系

《白宫北极战略》中指出，美国是一个北极国家，在北极地区具有广泛和根本的利益，美国在北极地区寻求满足自身国家安全需要，同时推动环境保护，负责任地管理资源，为土著社区负责，支持科学研究，并在广泛的问题上加强国际合作。美国认识到，北极可以提供宝贵的经济机遇，而且北极自然环境独特且不断变化，亟需得到保护。在考虑如何最大限度地利用本区域新出现的经济机遇时，美国认识到，必须采取负责任的管理方式，通过综合管理方法，根据现有信息做出决策，以长期促进北极健康、可持续和有复原力的生态系统的发展。

美国凭借阿拉斯加成为北极国家，在该地区具有重大的政治、经济、能源、环境及其他利益。美国看到了北极地缘环境的变化，认为美国在北极地区已经"落后"了。[①] 2017年11月28日，时任美国国务卿蒂勒森表示："北极将变得越来越重要，尤其是在航道已经开放的情况下。美国已经落后了，落后于其

---

① Mark E. Rosen, "U. S. Arctic Policy: The Video and the Audio Are Out of Synch," 4 March 2018, http://nationalinterest.org/feature/us-arctic-policy-the-video-the-audio-are-out-synch-24741, 2018年11月21日。

他所有北极国家,甚至中国。"① 上述言论强调了两层含义:一是北极地区的战略地位和地缘价值在上升,二是美国在北极事务上落后于俄罗斯和中国,美国在北极的安全利益受到挑战。美国作为唯一的超级大国,首要政策目标是维护自身霸权地位,美国绝不允许在亚欧大陆的东西两端有任何挑战者崛起。基于此,美国北极安全利益维护部门开始了新一轮的"排兵布阵"。

2. 美国政府关于北极战略的原则和目标

(1) 总体战略原则

第一,维护和平与稳定。与盟友、合作伙伴和其他有关各方合作,努力保护北极地区,使其成为一个没有冲突的地区。支持航行、飞行和其他利用海洋和领空的自由,维护在北极的合法商业活动不受阻碍,维护和平解决所有国家争端的国际法律原则。

第二,利用最新的北极科学和传统知识做出决定。

第三,增强与阿拉斯加州、北极地区、其他国际伙伴和私营部门的合作关系,以便在适当和可行的情况下更有效地促进发展、开发资源和提高管理能力,更好地在财政紧缩背景下推进美国在北极的战略优先事项。

第四,加强与阿拉斯加土著人协商和协调,承认部落政府与美国的独特法律关系,并及时提供充分的机会,告知影响阿拉斯加土著社区的联邦政策。

(2) 美国北极政策的目标

第一,维护美国的安全利益。海上领域方面,建设、维护和改善港口基础设施,指导其他与基础设施有关的联邦活动,

---

① Mark E. Rosen, "U. S. Arctic Policy: The Video and the Audio Are Out of Synch," 4 March 2018, http://nationalinterest.org/feature/us-arctic-policy-the-video-the-audio-are-out-synch-24741, 2018 年 11 月 21 日。

以保持美国军用和民用船只在整个北极地区的机动性和导航安全。航空领域方面,推进美国北极地区航空环境的稳定和安全。通信基础设施方面,利用新技术升级通信基础设施,改进北极地区通信,以增强应急响应能力。对北极的认识方面,通过利用与在北极运营的所有国内、国际主体的合作关系,提高对北极领域的认识,特别是对北极海洋领域的认识。在冰川影响的水域进行海上行动方面,确保美国的破冰船有足够的能力保证从海上进入北极,支持美国在极地地区的利益,并促进对北极基本情况的研究。国际法和海洋自由方面,美国将继续根据国际法促进所有国家的海洋自由以及海洋和航空利益的全球流动。可再生能源资源方面,促进北极地区可再生能源的开发和利用,如风能、海浪和太阳能;通过与当地及其他利益攸关方的合作,维护北极能源安全;利用私营部门投资,并探索潜在的公私合作关系。在不可再生能源的安全和责任方面,确保以不损害环境的方式安全和负责任地在北极陆上和近海进行非可再生能源的勘探和开发。国土安全方面,通过持续部署人员和增强所有领域意识以确保国土安全;提高北极地区的准入、应对和复原能力;通过有针对性的国际合作,推进北极治理和维护以规则为基础的秩序。国防部方面,保护国家安全;保持有利的区域力量平衡;确保共同领域保持自由和开放。海军方面,保持加强存在感;加强与合作伙伴的关系;建立更有能力的北极海军。陆军方面,使美国陆军能够在全球迅速组建和部署多领域部队,这些部队经过专门训练、装备和维持,能够在极端寒冷的天气和崎岖的山区条件下长期生存、作战和取胜。空军方面,全力支持并实施国防部战略,保障美国国家利益、保护国土安全,与各国合作应对共同挑战,保障地区的安全和稳定。海岸警卫队方面,提高在北极地区有效运作的能力;加强北极地区以规则为基础的秩序;加强创新和提高适应能力,以提高恢复力和促进地区繁荣。

第二，北极地区管理。保护北极生态系统，编目基线条件，监测这些条件的变化，并制定保护北极生态系统的机制。改善危险物质泄漏的预防、遏制和响应机制，保护北极环境免受近海或内陆石油、危险物质泄漏，避免钻井作业和航运活动的潜在破坏性影响。通过北极综合管理平衡经济发展、环境保护和文化价值传承。加强社区弹性和促进可持续发展，与北极社区合作制定计划和实施解决方案，以应对气候变化造成的威胁。通过跨机构北极研究政策委员会（IARPC）促进北极相关科学发展，并加强协调。将北极研究纳入优先事项。绘制北极地区的图表，协调美国北极水域、水文、海岸线和地形的测绘和图表制作，促进安全、无害的海洋运输。

三是加强国际合作方面。促进国际社会对北极石油污染的防范、预防和应对，执行相关国际协定，以减少海洋石油污染的风险，同时提高全球防范和应对北极石油污染事件的能力。加强北极搜救工作，通过实施《北极航空和海上搜救合作协定》，降低风险，加强国际合作，提高北极搜救能力。阻止不受管制的北极公海渔业活动；通过制定多边协定，促进与未来渔业有关的合作科学研究；进行国际协调，确保北极地区渔业长期可持续性发展。减少污染物的运输，减少北极地区内外危险物和持久性污染物的排放和运输。识别和评估入侵物种的风险和影响，制定、实施和维护国际入侵物种的预防和管理计划。加强科研与监测，通过促进国际科学合作，在北极地区加强实时共享准确数据的手段，促进科学研究和监测。推进美国对国内和国际北极优先事项的协调，加强北极理事会论坛建设。加强对影响北极的黑碳排放的评估，并努力减少有害排放。遵守《联合国海洋法公约》，继续寻求参议院的建议和同意，加入《联合国海洋法公约》。划定美国扩展大陆架的外部界限，制定美国提交国际机构的文件，以支持美国在北极扩展大陆架的外部边界。研究将大陆架的外部边界建立在美国和加拿大同意的博福特海的海上边界。遵守《防止船舶污染国际公约》（MARPOL）和《国际海上生命安全公约》（SOLAS）。与国际有关各方合作，确保通过和实施对《培训认证和监督标准公约》（STCW）的修订，以支持《极地法典》促进北极航道管理。与国际合作伙伴合作，制定北极航道管理制度，以促进北极地区的海上运输安全。

3. 美国在北极地区的具体政策和措施

为维护美国在北极地区的利益，在联邦层面，美国主要实行了以下政策：为增加在海上领域的活动做好准备；满足和支持不断发展的航空需求；发展北极的通信基础设施和其他基础设施，包括必要的冰基平台；增强对北极地区的认识；维持联邦在海冰影响水域进行海上行动的能力；维护国际法和促进海洋自由；开发可再生能源资源；确保不可再生能源的安全和负责任的发展，确保美国未来的能源安全。

美国各国防相关部门也制定了自身的北极政策，以下简要介绍美国国土安全部，国防部，美国海军、陆军、空军、海岸警卫队各自的北极政策。

国土安全部的北极政策和措施

通过持续部署人员和增强所有领域意识确保国土安全。一是加快海岸警卫队获得、采购、部署和维护破冰船；二是加强科学技术投入，以增强关于北极所有领域的认识；三是加强高纬度通信系统的开发、部署和维护；四是扩大在北极地区的贸易和增强旅行便利化能力。

加强北极地区的准入、应对和复原能力。一是国土安全部门要进行角色和任务研究；二是增强对人为和自然事件的应对能力；三是增强监测和阻止外国恶意投资或者影响的能力；四是保护关键基础设施；五是维持北极地区的海洋自由；六是确保美国在北极地区的能源安全。

通过有针对性的国际合作，推进北极治理和以规则为基础的秩序。一是确保北极理事会、国际海事组织和北极海岸警卫队论坛等国际机构倡导稳健和健康的治理实践，以对抗试图破坏全球规范和以规则为基础的秩序的潜在对手。二是加强与志同道合的北极合作伙伴的合作，特别是加强与加拿大以及欧洲盟友的合作。

国防部的北极政策和措施

第一，树立北极意识。国防部探测北极威胁的能力是威慑或应对战略竞争对手在该地区活动的先决条件。北极地区内的有效行动需要国防部进行有时效性、风险意识的投资，从而增进对北极的了解并树立北极意识。

第二，部署地域传感器。对北美北部海空通道的有效监视是国土防御、航空航天控制、海上预警和导弹防御的基础。北美航空防务司令部（NORAD）与加拿大的合作是北部防御的关键。美国国防部目前与加拿大国防部正在开展双边研究以评估北美地区传感器现代化的各种解决方案。此外，国防部与英国和挪威合作进行P—8飞机巡逻，以加强对格陵兰、冰岛和英国之间的海域（GIUK Gap）以及北大西洋的海上监视。这与冰岛主导的北约空中治安任务相互补充。

第三，改善通信和提升情报、监视和侦察（ISR）能力。指挥、控制、通信、计算机和情报、监视与侦察（C4ISR）对北极地区的行动至关重要，但美国在这些能力建设上仍面临挑战。通信面临挑战是因为太阳光和磁现象产生的大气干扰降低了高频无线电信号的质量。卫星通信的限制进一步限制了可靠的语音通信，也限制了北极地区的数据覆盖。鉴于这种运行环境，能够在北半球运行的可部署通信和数据网络必不可少。这需要建立强大的动态通信架构，其中地面、空中和空间层的通信要与任务合作伙伴整合，并实现相互可操作。

第四，增加气象、海洋和大气观测数据。国防部将继续与其他联邦部门和机构合作，以提高预测能力。

第五，支持海岸警卫队的国土安全任务。海岸警卫队是美国北极国土安全的领导机构，具体负责建立和维护整个地区的态势感知。国防部将继续支持海岸警卫队的各项任务，通过国家舰队委员会实现不间断的相互交流，并在海洋领域态势感知、情报和战略规划方面进行密切对话与合作。

第六，加强北极行动。为了能够给北极地区提供可靠的战略威慑能力，国防部要求增强联合部队的灵活性，以迅速有效地应对该地区的突发事件。国防部的重点将是调整现有军事力量，并在必要时有选择地获取新的力量。定期在北极进行演习和部署。通过在北极地区的定期演习和部署，国防部将展示并增强联合部队在北极地区的作战能力，联合部队既可以独立作战，也可以与盟友和合作伙伴并肩作战。同时，国防部也积极参与其他国家主办的演习。

第七，加强在寒冷天气下的训练。在极端寒冷的天气条件下（低于零下60华氏度）行动需要特定的战术、技术和程序。国防部将继续评估寒冷天气下的训练需求，以使美军为北极作战，尤其是为联合作战做好准备。此外，国防部将努力确保部署在北极的部队使用地面机动资产，使他们能够在极端寒冷的天气下作战，应对全年可能遇到的各种地形。美国还与北极盟友和合作伙伴合作开展寒冷天气训练。

第八，提升北极军事设施部署。作为国防部在美国本土以外其他地区行动的一部分，北极为美国的力量投射和机动提供了另一个选择。国防部将继续进入北极，以支持美国军事力量的全球机动和全球投射。美国在北极盟国和伙伴国家预先部署的装备和补给，增强了联合部队快速应对该地区突发事件的能力。国防部将评估定向投资的需求、成本、风险和收益，适度增强阿拉斯加和欧洲现有的基础设施，从而增强将远征部队投射到该区域的操作灵活性。在对北极地区潜在基础设施发展需求的持续评估中，国防部将考虑因极端天气和环境条件而产生的较长交付周期和后勤挑战。国防部在基础设施方面的投资将与北极盟国和合作伙伴的投资形成互补。

第九，支持弹性基础设施。关键的基础设施支持联合部队从本土调动力量和在全球投射力量的能力。国防部将通过与其他联邦部门和机构以及私营部门的协调合作来增强北极地区关键基础设施的抵御能力，防范不对称攻击。国防部还将继续采取措施，提高基础设施在环境危害面前的复原力。

第十，与其他联邦部门和机构就民事应急响应进行合作。随着北极地区经济活动的增加以及地质和环境风险的持续存在，还有对可能发生的大规模伤亡事故和自然灾害的应对需求，对民用防御支持局（DSCA）活动的国防支持需求可能会增加。

第十一，加强北极以规则为基础的秩序。国防部将继续与盟友和合作伙伴合作，加强北极现有的以规则为基础的秩序。国防部将与盟国和合作伙伴合作，加强地区安全，支持美国政府加强在北极论坛的参与和合作；提高美国的集体威慑力和应对北极突发事件的能力；通过战略对话和信息共享，继续增强对北极安全环境的共同态势感知，并进一步就美国在该区域的活动和途径达成共识。国防部将通过高级别领导人访问和双边会议、定期防务接触论坛以及实施双边路线图和意向声明等方式来加强这种合作。除了北极安全部队圆桌会议之外，美国经常参加北欧防务合作组织和北方集团领导的论坛，这将有助于建立共同应对北极挑战的方法。

海军的北极政策和措施

第一，保持、加强存在感。可信的海军部队确保有能力威慑竞争对手，并迅速应对该地区的危机，同时允许海军部队在其他战区获得优势。

第二，演习和行动。未来几年，美国海军将继续加强在北极地区的军力部署，增强对所有北极地区演习和行动的参与；

确保共同领域保持自由和开放，防止竞争对手扰乱或控制北冰洋海上通讯和商业线路；当灾难和事故发生时，海军将准备好与海岸警卫队、其他美国机构以及国际伙伴合作；海军还致力于保护北极环境，确保尽自己的力量帮助评估和维护北极环境。

第三，北极地区的综合海军力量。美国将组织、训练和装备一支能够在北极作战的海军远征军。海军陆战队将为海上控制和封锁行动提供便利，以支持舰队指挥官的计划。海岸警卫队的独特权力和能力与海军陆战队结合起来，增加了舰队指挥官在日常行动和危机中的选择。

第四，舰队同步。美国将通过改进命令关系、协调和连接，进一步加强舰队同步。

第五，加强合作伙伴关系。美国与合作伙伴将合作确定如何维护彼此的立场，调动彼此的能力来加强协同，以应对共同的区域威胁。海军与盟国部队必须共同评估威胁，确定作用和任务，深化国防工业合作，并为北极地区制定和实施新的行动构想。美国将加强现有的伙伴关系，吸引新的合作伙伴，以应对北极地区的共同挑战、机遇和承担责任。美国将与合作伙伴提高合作意识，扩大协作规划，并提高相互操作性。

第六，提高认识。为了策略行之有效，美国必须明确界定威胁和缺点，并将其列为优先事项。因此，海军部队必须在联合部队和美国机构、盟国和合作伙伴间收集、合成和共享信息与情报。美国必须寻求创新的方法来连接人和信息，以避免战术和战略上的意外。

第七，扩大区域协商机制和协作规划。加强现有机制，以减少在北极活动的各国部队之间发生误解、事故和意外冲突的可能性。

第八，提高相互操作性和协作。海军将加强与联合部队、其他美国机构、盟友和合作伙伴的相互操作性，以提高美国在北极的能力。

第九，建立一支更有能力的北极海上军事力量。冷战结束后，海军陆战队在北极地区的能力和作战专长有所退步。最近为提高美军的能力所做的努力改善了行动准备状态。

第十，能力现代化。美国将投资改善港口、机场等基础设施，以及指挥、控制、通讯、计算机、网络、情报、监视和侦察能力，推进部队现代化。在满足全球需求的同时，平衡美军的人员、平台和部署，以巩固美国在北极地区的竞争优势。海军将与国防部长办公室、联合参谋和作战指挥官密切合作，以确定和满足美国的防御规划方案、作战计划和部署模式的要求。海军还将继续领导具有寒冷天气能力的设计、预报模型、传感器、高纬度通信和导航系统等的研究、开发、测试和评估，同时提高美军满足未来需求的能力。

第十一，发展创新的业务概念。使美国的海军现代化，以建设"蓝色北极"，需要调整美国组织和使用海军的方式。美国必须预见到"蓝色北极"的挑战，并研究新的作战理念，以增强美国在海上的优势。制定新的方法，增强教育和培训的融合，并在训练中注入新的海军理念，以帮助美国的水手、海军陆战队和平民获得和分享在北极开展行动所需的技能。

陆军的北极政策和措施

第一，提高在北极地区的行动能力。陆军需要能够在北极和其他极端寒冷的天气和山区环境中作战和竞争。

第二，提高陆军在北极开展行动的物资准备状态、在北极地区作战的准备状态，改进北极部队的团队和个人训练，改善陆军在北极的部署和能力。

第三，陆军将考虑北极行动的独特条件，采取措施提高北极地区陆军的火力、机动和生存能力。

第四，陆军将与其他军种和国防部合作，确保必要的投资，以实现在北极的联合全域作战。此外，陆军将利用寒区测试中心测试现代化优先事项，将测试与演习相结合，以提高反馈的质量和适用性。陆军还将研究新的发电系统，以利用替代技术，这些技术可以提高作战效能，同时减少持续性保障需求。

第五，陆军将改善北极地区士兵、平民的生活质量。

第六，陆军将监测气候变化对部署、基础设施和作战需求的影响，评估抵御因永久冻土融化而复活的病原体的能力。

第七，北极的共享性质要求陆军建立一个加强的盟友和合作伙伴网络，以便在该地区进行竞争，确保该区域继续开放。陆军将加强与盟国和伙伴的关系，以提高竞争能力。与北极地区的主要盟友和合作伙伴合作，并通过双边和多边论坛，提高相互操作性和掌握极端寒冷天气、山地和高空作战专业知识。与其他北极合作伙伴国的核心领导人进行互动以同步信息传递，并继续维持北极地区无冲突状态。

第八，多领域作战的采用和"联合全域指挥与控制"（CJADC2）的推进为陆军在北极地区作为联合部队的一部分作战提供了机会。陆军将改善部队态势，以开展多领域作战。

此外，陆军还将加强天基通信和数据覆盖，并在北极建立地面转播站点。增强网络能力，确保部队在网络空间的行动自由。

空军的北极政策和措施

第一，提升空军和太空部队的北极意识，包括威胁探测、目标定位和跟踪、通信和天气预报，这些足以建立一个可靠的作战图景。

第二，空军负责大部分用于探测、跟踪和应对可能穿越北极的空中和导弹威胁的架构。此外，北美防空司令部与加拿大的合作对于防御发生在北方的入侵至关重要。

第三，环境和地理限制对空军和太空部队在北极地区的卫星通信、高频无线电和远程地面系统三种主要通信能力提出了挑战。针对这些障碍，空军和太空部队将作为联合部队的一部分，致力于开发北极通信路线图，以检查当前的能力和新兴技术。空军还将与联合部队以及盟国和伙伴国一起为北极地区的行动开发重要的卫星通信和数据链接。空军和太空部队将作为联合部队的一部分，与跨机构合作伙伴合作，确保指挥、控制、通信、情报、监视和侦察覆盖范围与该地区的预期活动相匹配。

第四，太空部队将与盟国、合作伙伴和私营部门密切合作，建立互利关系，实现太空和北极地区的共同目标。

第五，空军和太空部队将与跨机构伙伴合作，通过地面、空中和空间监视系统，扩大气象预测覆盖面。空军和太空部队还将与跨机构合作伙伴合作，预测北极环境变化对基础设施及其运营的影响。

第六，通过可靠的作战力量进行力量投射。空军将与联合部队合作，维护航行和飞越自由。空军将为该地区的美国和合作伙伴飞机提供战略空运和关键的加油服务，并为其他手段无法到达的北极地区提供关键机动性。空军将推进资本重组，并探索现有的和新兴的极地移动平台的现代化，这对偏远地区至关重要。

第七，发展基础设施。北线的基础设施是空军和太空部队力量投射的核心组成部分，空军在整个北极地区维持着重要的设施，美国空军将倡导对符合未来作战需求的设施进行投资。

第八，与盟友和合作伙伴合作。盟国和伙伴关系代表了美国在北极的关键战略优势。美国与其他七个北极国家中的六个保持着牢固的防御关系。其中四个是北约盟国：加拿大、丹麦王国（包括格陵兰）、冰岛和挪威；另外两个是可能加入北约的伙伴：芬兰和瑞典。与盟国和合作伙伴的合作包括增强系统的相互操作性；开展联合训练、演习和部署；建立以北极行动为中心的论坛，以加强合作、信息共享和信任建设。

第九，空军将加强北极相关演习的整合，并最大限度地提高现有的训练能力。作为未来作战的基础，空军和太空部队还将开展研发，项目涵盖从空间环境和工程标准研究到寒冷天气材料和雷达技术等。未来空军和太空部队将作为联合部队的一部分，与美国北方司令部的北极能力倡导工作组一起工作，维持北极研发，以满足作战需要。

第十，在北极地区开展人道主义援助和灾难救助、人员恢复。空军和太空部队将与阿拉斯加司令部和美国海岸警卫队合作，进一步开发适合北极条件和地点的空中可部署救援包和人员恢复技术。

海岸警卫队的北极政策和措施

第一，增强在不断变化的北极有效运作的能力，填补海岸警卫队北极行动能力和其他能力方面的空白。海岸警卫队将投资极地载具以及能够在寒冷和偏远的北极环境中行动的人员。

第二，建立对北极地区的持久认识和理解。海岸警卫队将继续通过合作伙伴以及投资技术研发建立北极意识，还将继续支持科学探索、监测和研究，以增加对北极环境变化、相关影响和海洋紧急威胁的了解。海岸警卫队必须继续改进北极的数据收集工作，包括收集北极海洋状况、气候、海洋活动和面临的威胁，同时要带头将这些信息转化为可靠、可用的知识，并传达给所有相关的利益相关者。

第三，加强基于规则的秩序。通过维护和遵守全球海洋领域以规则为基础的秩序，美国海岸警卫队加强了对北极地区这些原则的承诺。

第四，美国海岸警卫队将继续在北极理事会等政府间论坛上积极主动发挥领导作用。海岸警卫队将继续通过国际海事组织（IMO）等全球机构，代表美国利益，降低北极地区的风险。除了国际政策制定机构外，海岸警卫队还将继续与北极伙伴开展联合行动，并投资 ACGF 等多边论坛。

第五，海岸警卫队将与盟国和合作伙伴密切合作，通过开展有效的海上行动和演习，在全方位的竞争中遏制对国际海事准则和美国国家利益的威胁。海岸警卫队将与美国北方司令部、欧洲司令部和印太司令部密切合作，继续支持北极防务重点，并通过参加各类国内、国际联合演习做好准备。

第六，海岸警卫队将发展新的做法和技术，为当地社区服务，并管理北极地区的风险。通过与北极利益攸关方合作和创新，海岸警卫队将保护北极社区，促进国家利益，加强伙伴关系，发展安全、有保障和合法的经济活动，包括商业运输和资源开发。

第七，海岸警卫队将领导和参与国家一级的规划制定和各类演习，包括联邦、州、部落、地方、国际和非政府伙伴，以测试备灾能力和适应性。

第八，近期，保护海洋生物资源和防止非法捕捞活动将是该区域最重要的执法任务。海岸警卫队将继续监测和评估鱼类种群和海洋哺乳动物迁徙模式的研究和发展趋势，以积极应对非法捕捞。海岸警卫队还将继续与国内外各级伙伴合作，打击北极地区的犯罪，特别是毒品走私、非法移民和其他非法活动。

第九，海上运输系统是国家经济的命脉，海岸警卫队将推进北极海洋运输系统的现代化。

第十，维护白令海峡附近的航行安全和环境保护。

4. 结语

作为一个北极国家，美国在北极地区具有广泛的利益，随着北极航道的开放和地缘环境的变化，美国近年来在北极地区的发展落后于其他北极国家。为了维护自身国家安全和国家利益，彰显美国在北极地区的大国地位，美国制定了北极战略，从维护美国的安全利益、负责任地对极地进行管理以及加强国际合作三方面做出了重大战略部署。尤其是为了美国在北极地区的军事和安全利益，美国制定发布了包括国土安全部、国防部、海军、空军、陆军和海岸警卫队在内的详细的北极战略。可以说，美国的北极战略体系庞大且完备，在安全和军事方面尤为突出，充分显示出北极地区已经成为美国关注的重点地区之一，为美国捍卫在北极地区的利益奠定了坚实的政策基础，相信未来美国也会加大对北极地区的投资和重视程度，维护美国利益和彰显美国大国地位。

三 域外国家和国际组织的北极政策

（一）法国的北极政策

2016年6月，法国发布了首份专门的北极政策文件《北极大挑战——国家路线图》，该文件列出以下重点议题：北极科研与学术合作；在北极的经济利益与机遇；北极海洋环境保护政策；在北极的国防与安全利益；在北极国际论坛的政治影响力；欧盟与北极地区国家利益以及公共利益。2019年10月，法国又发布了文件《法国和北极新的战略挑战》，其内容主要包括法国对北极地区的治理方案、法国各行业及武装部队在北极地区的活动，同时也指明了法国在北极地区的整体战略布局。

1. 法国与北极的关系

法国拥有极地探索和极地研究的历史传统，并在极地有永久的研究基地，法国是第一个在斯瓦尔巴群岛建立科研基地的国家。法国在北极地区的科学活动，增加了其参与北极事务的合法性。从2000年开始，法国成为北极理事会8个欧洲观察员国之一。2011年，法国还参加了由挪威和美国创建的北极安全部队圆桌会议，这是该地区罕见的军事对话机构之一。法国作为北约和欧盟的成员国，为北极地区的治理作出了贡献。2008年11月，法国作为欧盟轮值主席国在摩纳哥举办的北极问题国际会议上呼吁建立一个能够协调各类资源的北极科学站。2013

年 4 月，北极问题首次出现在《法国国防和国家安全白皮书》中。2013 年 10 月，法国国家极地大使在外交部和国际发展部的授权下提出在国内政府部门之间建立一个"工作人员间"网络，包括国防部、生态、可持续发展和能源部、高等教育与研究部和一些研究机构在内的单位共同起草代表法国国家利益的"北极路线图"。法国国家北极路线图首次公开确认法国对该地区的兴趣。

法国积极参与北极地区的能源和商业开发，例如参与北极地区旅游业和商业活动的开发。法国游轮运营商波南特以及法国公司道达尔，拥有 20% 的亚马尔 LNG 和 10% 的北极 LNG2 项目股份。

法国武装部队也参与北极的工作，向平民提供援助，维护法国在北极的行动自由，以及增加对北极环境的了解，并确保通往欧洲的能源供应路线安全。法国空军定期参加芬兰、挪威和瑞典每两年举办的北极挑战演习，还在冰岛和芬兰执行空中警务任务。2018 年 9 月，法国海军在东北航道完成第一次通航，作为第一艘在没有破冰船支持的情况下使用这一通道的非俄罗斯军用船只，BSAM 罗纳号帮助法国增加了对北极环境的了解，并加强了与北极地区国家加拿大、丹麦、挪威和美国的海军合作。

2. 法国北极政策的目标和基本原则

法国明确提出参与北极事务的四大战略目标：一是确定和维护法国在北极地区的利益（经济、国防、科学等方面）；二是强化法国在北极国际论坛中的合法地位与影响力；三是在北冰洋治理中实现国家利益与公共利益的平衡；四是加强对独特且脆弱的北极海洋环境的保护。

法国维护自身北极利益的原则包括以下方面。通过参与北极理事会部长级会议上的高级代表人数来表明法国对北极政治局势的关切态度。申请让法国科学家加入北极理事会的工作组。作为北极理事会 12 个观察员国之一，向北极国家提出关于增加参与人数的联合要求，包括加入有关战略事项的某些工作组，以及参与决议等进程。在关于北极的外交活动中，法国需要维持与北极理事会的外交关系以及派驻科学代表。充分利用法国在斯瓦尔巴特群岛的科研优势。严格遵守国际标准化组织（ISO）关于在极地地区进行石油钻探的环境标准。在相关国际论坛上倡导加强对北极海洋环境的保护。收集由政府和私人船只获得的水文数据，以完善海洋制图和发展安全导航系统。与欧盟合作，支持其在北冰洋中部活动计划的立场。参与关于北极问题的国际科学组织，特别是国际北极科学委员会（IASC），以及参与关于北极问题的各类重大国际活动。

3. 法国参与北极事务的主要政策主张

（1）维护法国在北极地区的科研利益

法国国家机构为极地科学活动提供资源，确保法国北极项目的稳定发展。推荐专业的法国极地科研专家参与北极理事会相关工作，强化法国在北极理事会工作组和特别工作组中的科研地位。积极参与国际科学组织，如国际北极科学委员会。积极参与有关北极的国际科学方案的研讨，包括提出建议、开设讨论小组和准备项目。作为实施欧盟"地平线 2020"计划的主体，发展与北极和非北极欧盟国家的合作。发展和加强与北冰洋沿岸国家科学组织的伙伴关系。提高法国在北极人类和社会科学方面的专业知识水平，在法国国内开设北极地区语言课程。加强对北极经济开发感兴趣企业的支持。包括运输、航空航天、航运、能源、矿产资源、保险、通信、健康等领域。

（2）把握北极开发带来的机遇

北极开发带来的机遇包括矿产资源开发、交通运输、基础设施投资、卫星监测、渔业、可再生能源和新技术利用、旅游业等。法国将主要通过以下措施来维护其在北极地区的经济利益：确保法国的工业企业成为保护北极环境和拉动当地经济发展的支柱性产业；加强法国在环境技术方面的专业知识；依照北极地区环境标准，严格把控所有原材料开采；鼓励法国企业参加北极经济理事会和商业活动（北极商业论坛、北极商业理事会、北极油气研讨会等），并以此与北极地区建立紧密的经济联系；对法国石油服务行业公司予以大力支持，并提升法国企业在资源开采方面的技术专业知识；尊重旅游产业自身发展规律，促进平等贸易，并鼓励在北极运营的法国公司雇佣和培训当地居民。

（3）关注北极地区政治和军事发展，促进对该领域的深入了解

指派法国军官到北极沿岸国家所属的舰艇任职。与其他部门合作研究，探讨派遣海洋和水文船只到北冰洋执行任务的可行性。为科学家提供在部署的船只上进行实验的机会。加强与其他海军的海洋信息交流。组织来自公共和私营部门的人员以及关心北极问题的国防、能源和运输部门人员举办定期会议。通过维护该地区的稳定和安全，提高法国参与区域治理的合法性。努力发展和维持法国军队在北极作战的能力。坚持遵守北极水域航行自由方面的公约。在北极安全部队圆桌会议之外推广双边政策，重中之重是已证明法国是在北极地区有能力的国家。

（4）保护北极的海洋环境

在国际海事组织的框架内，努力加强对在北极作业的船舶的监管。通过为海岸和港口配备基础设施，帮助船只导航和建立应急响应资源。通过研究人员之间的直接交流和法国科学家参与北极理事会工作组的经验，继续为绘制地图和汇集有关海洋生态系统的科学信息做出努力。在遵守北极各国制定的海洋行为准则基础上，开发环境敏感区域的休闲旅游资源，保护生物多样性，保护环境。加快确定北极海洋保护区（生态和文化

保护区）的进程，并与利益攸关方协商。鼓励采取措施减轻航运对海洋哺乳动物的影响。与欧盟机构合作，监测北极五个沿岸国家提出的北极渔业可持续管理计划的实施，并确保该计划与 NEAFC 关于保护海洋生态系统的工作相一致。通过加入北极理事会的相关工作组，如北极海洋环境保护工作组（PAME）或北极监测和评估方案工作组（AMAP），提升法国在海洋酸化方面的专业知识，并为这一领域的研究作出贡献。根据现有的科学知识，促进政策的制定与落实。在共同渔业政策的范围内，支持以建立北极渔业可持续管理框架为目的的任何倡议。支持并参与对北冰洋鱼类资源变化的研究。

（5）保持与欧盟的协调和紧密合作

法国作为欧盟成员国，赞成欧盟为北极制定一项欧洲综合政策，以此强化欧洲北极行动的合法性以及谋求北极理事会永久观察员地位。因此法国会通过以下方式支持欧盟的决定：以保护北极海洋环境和生态系统为主要战略目标来实施法国北极路线图；建立区域渔业管理组织和制定北冰洋区域海洋公约；与北极沿岸五国就北冰洋中部活动加强磋商；强化在巴伦支欧洲—北极理事会范围内关于环境和运输问题等方面的合作；巩固与欧洲伙伴在北极安全部队圆桌会议就北极海域安全问题进行的讨论；将北极纳入欧洲能源安全战略的长期规划。

4. 结语

法国在北极地区的利益主要集中在经济、科研、安全和环境保护。随着各国对北极地区关注和开发力度的不断增强，法国将加强在北极地区的经济合作，尤其是在矿产资源、交通运输、基础设施、资源回收利用、旅游开发等领域。法国极地科学研究历史悠久，是建立国际极地研究合作传统的国家之一。法国极地科学研究的卓越性及其与国际研究的整合构成了法国北极外交政策的主要资产,并支撑了法国参与北极地区事务的合法性。未来,法国将加大对北极地区科学研究的支持力度,充分参与对北极地区的研究。随着北极资源的逐步开发利用,法国将进一步加大北极地区矿产、旅游、渔业等资源的开发力度。随着北极航运路线的逐渐开放,商业运输流量的逐步增加,法国将会加强军事力量对北极地区事务的参与,参与北极地区海域保护和救援、防治污染、航行自由等问题。同时,法国也将进一步参与北极地区生态环境保护和北极国际论坛,彰显法国作为北极事务参与国的身份,维护法国在北极事务的利益。法国作为欧盟理事会主要成员国,将积极推动欧盟对北极地区事务的参与,加强自身在欧盟理事会中的作用。

(二)德国的北极政策

2013年德国发布首份北极战略文件《德国北极政策指导方针:承担责任,抓住机遇》[1],成为德国参与北极事务的指导原则和方向。2019年8月21日德国外交部发布了新版北极政策文件《德国北极政策指导方针:承担责任,建立信任,塑造未来》[2]。新版文件从国家战略高度阐明德国与北极环境、安全、科研等领域的密切关系,强调德国在北极开发进程中的重要作用和不可或缺的角色。该文件由两部分构成:"北极:德国北极政策的影响因素和领域""展望:承担责任,建立信任,塑造未来"。

---

[1] Guidelines of the Germany Arctic policy Assume responsibility, seize opportunities, https://www.arctic-office.de/fileadmin/user_upload/www.arctic-office.de/PDF_uploads/Germanys_Arctic_policy_guidelines.pdf.

[2] Germany's Arctic Policy Guidelines Assuming Responsibility, Creating Trust, Shaping the Future, https://www.auswaertiges-amt.de/blob/2240002/eb0b681be9415118ca87bc8e215c0cf4/arktisleitlinien-data.pdf.

1. 德国与北极的关系

德国探险家从 19 世纪中期开始在北极地区进行科学活动。卡尔·科尔杜威（Carl Koldewey）于 1868 年和 1870 年率领第一批德国探险队前往北极。20 世纪初，阿尔弗雷德·韦格纳（Alfred Wegener）发展了大陆漂移理论，在格陵兰岛进行了多次考察。1991 年，德国正式成为北极环境保护战略观察员。1998 年，德国与荷兰、英国和波兰一起，在伊卡鲁伊特举行的第一次北极国家部长级会议上获得北极理事会的正式观察员地位。

受气候变化影响，北极在全球政治经济格局中的战略地位不断提升，德国联邦政府对北极重要性的认识逐渐深化。

德国于 2017 年成立了北极事务办公室，目的是加强德国学术界、政界和商界的北极利益攸关方之间的信息交流，以期为决策者提供直接的科学建议，提升德国北极政策的科学性。2019 年，时任德国总理默克尔在参加北欧五国部长级例行会议期间表示，过去德国确实没有对北极地区的战略发展给予足够重视，但未来将正视该地区的战略重要性。

2019 年新版的德国北极政策文件中指出，由于全球变暖和极地冰原融化率的快速上升，在地缘生态、地缘政治和地理经济等方面，北极对国际社会的重要性日益增长。德国希望通过该政策文件，强调德国对北极治理的重要性，并强调所有参与国对这一地区的共同责任，以期在未来的北极治理中发挥更加重要的作用。

2. 德国北极政策目标和基本原则

受气候变化影响，北极在全球政治经济格局中的战略地位不断提升，德国联邦政府对北极重要性的认识逐渐深化。一是在气候和环境保护方面，德国政府提出"预防与污染者付费"

原则，这一原则被视为北极所有环境政策制定和经济活动的基本原则，是德国保护北极气候和环境的重要指导思想。德国致力于推动建立一个明确的国际框架，为气候、环境和安全等关键领域制定规则。二是德国致力于将北极纳入一个多样化的资源安全系统，将强化北极理事会和国际海事组织等国际组织的作用，提议必须严格遵守和执行《联合国海洋法公约》等国际公约，必须使北极地区原住民参与北极国际治理。三是德国拒绝任何使北极军事化的企图，致力于缓解该地区目前地缘政治的紧张局势，防止在北极地区的冲突和潜在危机。此外，德国还致力于推动北约和欧盟更多地关注和参与北极地区事务。通过采用这些北极政策指导方针，德国希望凸显其对北极地区影响力的重要性，并强调所有相关国家对这一地区负有共同责任。

3. 德国北极政策的主要措施

德国北极政策的现实关注领域集中在气候和环境保护、国际合作、安全政策、科研前沿研究、可持续发展和原住民参与六个方面。

（1）气候和环境保护

保护北极独特的环境、生活条件和生物多样性是德国政府的首要任务。关于《2030年议程》的可持续性目标，德国正在努力确定北极的环境污染源，并减少污染物的排放。在国际层面，德国已承诺减少有害物质的排放，并与《关于持久性有机污染物的斯德哥尔摩公约》[①] 和《关于汞的水俣公约》各签约方[②]一起致力于防止和减少持久性有机污染物和汞的排放。德国仍然致力

---

① Stockholm Convention on Persistent Organic Pollutants, https://eur-lex.europa.eu/legal-content/EN/TXT/PDF/?uri=CELEX：22006A0731（01）.

② The Minamata Convention on Mercury, https://www.mercuryconvention.org/sites/default/files/2021-06/Minamata-Convention-booklet-chi-full.pdf.

于减少废物总量,从而减轻海洋污染。随着预防原则的实施,德国主张在北极地区经济开发之前指定保护区,以保护生物多样性和北极环境。

德国寻求与国际组织、欧盟的合作,共同应对北极气候变化和环境保护。德国不仅致力于实现《巴黎协定》的目标——将人类引起的全球变暖限制在 2℃ 以下,还致力于执行《2050年气候行动计划》① 及其规定的减排目标。该计划由 2016 年 11 月通过,是德国履行《巴黎协定》迈出的重要一步,使德国成为首个实施长期减排计划的国家,与此同时该计划为欧盟制定 2050 年减排目标提出了更高要求,并就气候行动方面制定了政策性的目标和规划。德国将支持世界气象组织、北极区域气候中心网络以及其他国际机构的活动,以缩小气候监测系统方面的差距,并将其转变为一个持续数十年的永久性气候监测系统,从而提高德国人民对德国和北极环境之间重要关系的认识。

(2) 北极治理的国际合作

德国做出承诺,作为北极理事会的观察员将继续发挥积极作用,同时欢迎与八个北极国家在交流中心建立建设性的合作关系,并强调应加强这种合作和开展切实的研究项目。对德国来说,建立与北极理事会各国和其他观察员的双边关系是促进北极政策落实的另一个重要平台。除《联合国海洋法公约》以外,德国在北极的国际合作遵循的法律及机构框架还包括:北极理事会、国际海事组织、《极地规则》、1992 年《保护东北大西洋海洋环境公约》(OSPAR,基于 1972 年奥斯陆公约和 1974 年的巴黎公约)、东北大西洋渔业委员会(NEAFC,1982 年)、

---

① Climate Action Plan 2050, https:// unfccc. int/sites/default/files/resource/Klimaschutzplan_ 2050_ eng_ bf. pdf#: ~: text = The% 20Climate% 20Action% 20Plan% 202050% 20is% 20a% 20strategy, will% 20help% 20avoid% 20stranded% 20investments% 20and% 20structural% 20breaks.

2016年"欧盟北极一体化政策"联合通讯①。德国将包括《联合国海洋法公约》在内的现行国际法视为在区域和国际范围内解决领土问题和划界冲突的基础,承诺将致力于加强跨部门的国际合作以及促进《2030年议程》连贯有效的实施,并且正在兑现这一承诺。

在北极矿产资源的勘探和开采方面,德国建议制定具有强约束力的法律法规,同时自愿遵守《极地规则》的重要建议,以便为北极航运建立高水平的安全和环境标准,在北极地区防止石油泄漏和完全禁止重燃料油,也拒绝使用同样会对环境造成危害的核动力船舶或其他核动力应用。

德国倡议在北极地区减少废水排放或专门设立排放控制区(ECAs),以减少硫和氮氧化物的排放,并大力支持国际海事组织目前正在讨论的关于禁止在北极运输重燃料油的规定。

(3) 北极安全政策

根据《联合国海洋法公约》的规定,德国致力于保护北极水域的航行自由,因北极经济和军事价值双重凸显以及外部干扰因素影响,主张在北极地区保留一定的防御性,以对抗该地区日益加剧的军事化趋势。与此同时,德国正努力以预防性措施和建立信任的方式来发挥其在调解方面的作用。

作为欧盟和北约的成员国,德国致力于督促欧盟和北约履行其自身义务,并更多地参与欧盟和北约有关北极安全政策的会议。同时,德国支持联邦国防军与合作伙伴和盟国相互交流经验和开展联合演习。

(4) 北极地区的科学前沿研究

德国在北极地区有非常完善的研究基础设施,包括由阿尔

---

① Joint communicationan: integrated european union policy for the arctic. pdf, https://eeas.europa.eu/archives/docs/arctic_region/docs/160427_joint-communication-an-integrated-european-union-policy-for-the-arctic_en.pdf.

弗雷德韦格纳极地研究所（AWI）运营的破冰船 RV 极星号、飞机 Polar 5 和 Polar 6 以及由 AWI 与位于斯匹次卑尔根的法国极地研究所共同运营的研究站。

德国极地研究的一个重点是北极在全球气候系统中的作用，即着重了解北极生态系统，通过采取综合方法观察和量化分析北极与全球的相互作用，以提高北极未来发展的可预测性。在与政府主管部门的密切协调下，AWI 设立了德国北极办公室，以加强德国学术界、政界和商界的北极利益攸关者之间的信息交流和合作，以期为决策者提供直接的科学建议，提升德国北极政策的科学性。

德国积极落实第二次北极科学部长会议联合声明中的战略目标。德国北极研究资金主要通过 AWI、德国赫姆霍兹基尔海洋研究中心和德国航空航天中心（DLR）的机构资助向有针对性的研究项目提供支持。联邦地球科学和自然资源研究所（BGR）对地质开发和矿床形成的基本问题进行研究，重点关注北冰洋的边缘区域和对北冰洋资源潜力做出评估。

（5）保障北极地区可持续发展

作为观察员，德国全面肯定北极理事会及其工作组在北极的旅游业可持续发展和环境保护方面做出的努力。在国际渔业组织中，德国通过欧盟来保护和可持续利用北极的海洋生物资源，其目的是确保有效地预防非法、未报告和不受管制的捕鱼活动。德国严格遵守环境管理各项规定，在北极生态系统的所有经济活动中制定和实施最高级别的环境和安全标准。德国的造船厂和供应商专注于造船技术的创新发展，特别是环保和高效的船舶推进系统，以及建造特殊的船舶，为北极地区通航做出贡献。

德国在北极政策中强调北极安全和合作的重要性是有意为北极能源开发铺路，北极丰富的能源资源可成为解决德国能源困境的关键之一。正是看中了北极的资源潜力，德国近年来在北极地区的存在感不断加强。它已经从挪威和俄罗斯购买了大量天然气，也与众多北极国家展开了能源合作，"北溪 2 号"便是其中一例。

(6) 原住民的参与

德国考虑北极土著人民的领土要求和对资源进行开发的权利，承认原住民的自由和自决权，保护原住民的传统文化。根据《联合国土著人民权利宣言》①（UNDRIP），德国尊重并维护北极地区土著人民环境、生存和文化方面的权利，并致力于批准国际劳工组织关于保护土著人民的第 169 号公约②。

德国欢迎土著人民作为平等的一方参与北极理事会的决策，认为必须继续特别注意环境保护、维护土著人民的文化特性和领土要求，以及提高原住民在北极理事会活动中的参与度。同时德国认为原住民的传统知识在北极研究中发挥着重要作用，需要重视利用原住民专业知识来增加对北极的了解。

德国政府认为对北极的开发利用应该是可持续的，并且要考虑当地人口的需要。除了国家保护人权的义务外，在北极经营的德国公司还必须履行其尊重人权的责任。

4. 结语

通过德国政府的北极政策可以看出，德国政府对北极重要性的认识逐渐深化。联邦政府认为，北极是一个变化越来越迅速的地区。由于全球变暖和极地冰原融化率的快速上升，在地缘生态、地缘政治和地理经济等方面，北极对国际社会的重要性日益增长。联邦政府越来越强调其对北极全球治理的重要性，

---

① United Nations Declaration on the Rights of Indigenous Peoples, https://www.un.org/esa/socdev/unpfii/documents/DRIPS_en.pdf.

② Indigenous and Tribal Peoples Convention, 1989 (No. 169), https://www.ilo.org/wcmsp5/groups/public/---asia/---ro-bangkok/---ilo-manila/documents/publication/wcms_208389.pdf.

并强调所有参与国家对这一地区的共同责任，以期在未来更多地参与北极地区事务。

德国联邦政府的北极政策着重强调北极气候和环境保护问题，未来有可能将环保主义作为参与北极事务、平衡北极格局、维护北极利益的重要武器，甚至会朝着"环保＝'政治正确'"的方向发展，提出"预防与污染者付费"原则。联邦政府认为，越来越有必要根据《巴黎协定》进行全球气候和环境保护。应以环境友好的方式开发北极的经济潜力，并适当考虑到其高度的生态敏感性。此外，联邦政府主张支持北极土著和地方社区的权利，并支持负责任的、扩大北极地区自由的研究。

面对美俄等国家不断加强北极地区军事部署的现实，德国政府认为北极军事化的可能性增加，并意识到北极军事形势会威胁德国的安全利益，因此在北极安全问题上的立场更趋坚定，拒绝任何使北极军事化的企图。德国希望以现有规范和规则为基础，构建多边合作稳定体系，通过协商解决利益冲突，使北极成为零冲突地区。德国将预防和遏制北极地区的潜在危机和冲突列入联邦政府的关注重点，希望本国能够针对北极地区现有的地缘政治紧张局势采取适当措施，实现北极的和平开发与利用。

德国政府在北极地区事务上寻求合作的意图更加明显，致力于积极参与北极理事会及其工作组活动，追求与北极八国和众多北极理事会观察员进行建设性的双边合作。同时，德国针对北极地区的科研规划更加详细。德国于 2017 年成立了北极事务办公室，其目的是加强德国学术界、政界和商界的北极利益攸关方之间的信息交流，以期为决策者提供直接的科学建议，提升德国北极政策的科学性。

德国是欧盟的领头羊，在很大程度上将主导欧盟的北极参与方向和进程，德国有意引导欧盟对北极事务的关注走向，推进北极地区的多元化治理，强化国际社会对北极治理的参与力量。

(三) 意大利的北极政策

2015年12月，意大利发表了《意大利北极战略：国家指南》①，并于2016年进行了更新②，这是意大利第一部关于北极问题的政策文件。该文件介绍了意大利在北极开展活动的历史，从政治、环境与人类、科学以及经济四个层面体现了意大利在北极的利益关切。文件指出意大利将越来越多地参与北极合作的所有渠道，包括国际层面、多边层面以及与北极国家进行双边合作。《意大利北极战略：国家指南》共由6部分构成："意大利在北极：百年历史""意大利在北极：政治层面""环境与人类维度""科学维度""经济维度""结论"。

1. 意大利与北极的关系

意大利在北极的活动已经超过了一个世纪。意大利的极地活动历史可以追溯到1899年阿布鲁齐公爵进行的远征。1926年，翁贝托·诺比莱与罗尔德·阿蒙森（挪威）、林肯·埃尔斯沃思（美国）一起乘坐挪威飞艇（由诺比莱设计和驾驶）从罗马起飞，首次成功从欧洲穿越北极到达阿拉斯加，成为第一个到达北极的人。1961—1969年，意大利探险家和人类学家西尔维奥·扎瓦蒂（Silvio Zavatti）组织了五次北极探险：三次在加拿大，一次在拉普兰，一次在格陵兰，他创立了地理极地研究

---

① TOWARDS AN ITALIAN STRATEGY FOR THE ARCTIC-NATIONAL GUIDELINES, http://library.arcticportal.org/1906/1/towards_an_italian_strategy_for_the_arctic.pdf.

② TOWARDS AN ITALIAN STRATEGY FOR THE ARCTIC-NATIONAL GUIDELINES (Updated May 2016), https://www.esteri.it/mae/resource/doc/2019/12/towards_an_italian_strategy_for_the_arctic_-_national_guidelines.pdf.

所，其中包括位于费尔莫的极地博物馆，这是意大利第一家也是唯一一家完全致力于北极研究的博物馆，并出版了专门的出版物"极地"。1997年，意大利国家研究理事会在斯匹次卑尔根的纽约奥列苏德开设了一个观察平台，这标志着意大利开始在北极地区永久开展研究工作。多年来，意大利加强了在该区域的活动，巩固了其在科学界的地位。意大利早期在北极的存在是广泛而多样的，随着时间的推移，它的北极足迹一直在稳步增长。除了意大利在北极地区活动的历史原因之外，还有新的、紧迫的挑战，而这些挑战正在对北极地区产生深刻的影响。

意大利于2013年5月被接纳为北极理事会观察员，因此它积极参与在该区域的外交活动。意大利认为北极理事会讨论的议题多样，成员构成广泛，是北极地区最重要的制度安排。此外，它认为北极理事会不仅是多边合作的工具，也是双边谈判的重要工具。迄今为止，意大利积极履行其对历史遗产、科学技术研究（科学外交）领域国际合作的坚定承诺，以及实施应对国际气候变化和日益增加的（经济）活动造成的环境和生物多样性挑战的措施。

2. 意大利北极政策的目标和基本原则

意大利将越来越多地参与北极合作的所有渠道，无论是在多边层面（北极理事会和其他相关论坛），还是在与每个北极国家进行合作的双边层面。在国内，意大利政府将继续支持目前在北极开展工作的国家研究中心；此外，政府还将继续增进民间社会对与北极有关的主题的认识，并随时与北极域内外各方充分合作。意大利的行动将完全符合欧盟环境政策的原则和目标以及履行所有相关的国际义务。意大利已经在国际和国家层面上启动了一系列举措，以增加其北极科学研究和经济活动的价值，并证明其对逐步加强该区域一体化进程的承诺，同时，意大利致力于通过进一步整合国内资源，加强国际合作来增强北极话语权，进而在全球范围发挥积极影响。

3. 意大利北极政策的主要措施
(1) 国际合作领域

一是加强与北极理事会的各项合作。意大利认为北极理事会是最重要的北极对话论坛，已成为维护区域稳定的一种工具，其日益增长的重要性体现在不断增加的观察员数量上，其中包括一些欧盟成员国和多个亚洲国家。意大利重视北极理事会的作用，并与其展开合作，利用自身科学界大量专业知识，在与北极理事会合作的不同研究领域做出了积极的贡献，主要目的在于交流实践经验，并加强战略参与者之间的整合。在双边层面，意大利正在与北极理事会成员国进行非正式协商，以确定各国与意大利开展科学和经济合作的可能领域。同时，意大利还与萨米理事会保持了非正式联系，以便与意大利学术机构一起开展关于北极居民文化的新研究。

二是维护和遵守关于北极地区的各项条约规定。作为《联合国海洋法公约》的缔约国，意大利遵守其条款，同时还遵守其他间接涉及北极地区的条约：《生物多样性公约》（CBD）、《远距离越境空气污染公约》（CLRTAP）、《国际防止船舶造成污染公约》（Marpol 73/78）和《国际海上人命安全公约》（SOLAS）。此外，意大利还是《斯匹次卑尔根条约》的最初签署国之一，这些充分证明意大利在北极相关事务上享有合法权利。

三是尊重北极地区国家在该地区享有主权和权利。意大利充分尊重这些主权权利，并准备发挥自身作用，利用其科学和技术专业知识及其主要公司的活动来应对全球挑战，从而在尊重生态系统和土著人民的同时，为北极的可持续发展作出贡献。北极与人类发展的重大问题休戚相关，意大利认为提高对这些问题的认识是极其重要的，应该通过与北极国家日益增长的合四是重视发挥与欧盟在北极事务中合作的作用。作为欧共体的创始国，意大利一直高度重视欧盟的建设和发展，在北极事务上也注意在欧盟框架内开展行动，以更好地彰显其影响力。为此，在环境保护和经济开发方面，意大利表示要在完全符合欧盟环境政策的原则、目标和所有义务的前提下开展行动，并发挥自身的经验和技术优势，积极参与"欧盟海上油气操作安全指令"等政策的制定工作。

在国内，意大利已经主动地采取了许多行动，以提高对意大利在北极地区部署的认识。意大利机构也鼓励和支持私人的传播行为和传播活动，目的是在全国范围内培养对北极问题更广泛的兴趣。

(2) 环境、气候领域

气候环境问题是意大利北极政策的优先方向，意大利将利用过往经验教训，并通过交流和分享有关特定环境主题的知识，在相关国际合作框架下部署行动。意大利强调会采取有针对性的行动，特别是在关于环境问题的国际谈判和政治进程中，提高对主要利益攸关方的认识。如果这些活动管理适当，将有助于改善和加强意大利与北极国家的双边关系，并提供新的合作机会，为意大利自身和北极取得积极成果，并在全球层面带来切实利益。同时，与北极国家的合作和经验交流也可以为意大利某些领域的发展提供机会，在这一框架下，意大利所积累的科学知识和技术研究将发挥主要作用。

意大利将重点关注北极关键环境问题，例如：保护生物多样性、预防空气污染、逆转气候变化、海洋保护和沿海地区综合管理，以及解决海上运输、旅游、采矿和港口作业带来的环境风险。

在海洋环境保护方面，意大利严格履行关于防止船舶污染的国际公约。关于海上安全的第 2013/30/EU 号指令是该领域的另一个相关操作工具。它为开采设施的建设和管理制定了严格的规则，并为向石油和天然气运营商颁发许可证（保险、保释金）制定了技术和财务要求。

在空气污染和气候变化方面，意大利遵循的国际公约、协定是：《联合国气候变化框架公约》（UNFCCC）、《维也纳保护臭氧层公约》和关于消耗臭氧层物质的蒙特利尔议定书，以及《远程跨界空气污染公约》（CLRTAP）。

在生物多样性方面，意大利遵守的主要国际公约是：《生物多样性公约》《伯尔尼欧洲野生动物和自然栖息地保护公约》《巴黎国际野生鸟类保护国际公约》《关于野生动物迁徙物种保护的波恩公约》与该公框架内的《非洲—欧亚候鸟协定》（AEWA），以及《濒危野生动植物物种国际贸易公约》（CITES）。

（3）科学研究领域

意大利科学界将通过加强对北极的观测，提高对气象和气候模型的预测能力，增进对北极及其在地球系统视角中的作用的总体认识。为了解气候变化，科学界和国际协调机构、科学机构（科学理事会、机构间常设委员会等）以及政治机构（北极理事会、欧洲委员会等）确定的优先事项和行动旨在：第一，加强北极观测系统的时空范围，加强国家倡议之间的协调。第二，促进对北极系统的另一个"维度"的研究和认识，即作为地球系统组成部分的北极系统的复杂性。在这种情况下，全年都有可能检索到相关物理、化学和生物参数的大量数据。第三，通过协调支持行动（EU-PolarNet）和 ICARP（国际北极研究规划会议）等倡议，在各级（欧洲或国际）会议中确定科学研究议程和中长期优先事项。因此，意大利总体目标是按照以往业务准则的设想，巩固其在北极的部署。

（4）资源开发利用领域

意大利的相关机构可以通过与北极理事会工作组开展合作，

向北极国家提供其各种资源开采技术，解决北极工业和人类活动增加所产生的问题。

意大利将通过其研究机构对气候变化进行调查，同时根据其公司的尖端技术专长，满足对基础设施和服务的需求，以适应北极的条件，特别是关于卫星控制和海上工程等专业服务，以及能源、导航和建筑相关的能力。

意大利是欧洲地热学研究的领头羊之一，其在可再生能源领域的经验丰富，将利用相关技术开发北极地热资源。

意大利有能力开展开创性的活动，并将先进的技术与保护环境和文化遗产结合起来，为北极地区的经济增长和可持续发展带来附加价值。

意大利支持对北极渔业资源的生态可持续管理。商业捕鱼应考虑到其对整个生态系统和北极居民生存的影响，并防止对非商业物种和海洋生物多样性的损害。

意大利认为，企业在产品和生产过程中应按照减少温室气体的计划，承诺遵守旨在促进与公共和私人行动者伙伴关系的倡议，以应对气候变化。

4. 结语

意大利在北极地区开展活动历史悠久，尤其在北极科研方面取得了一定成就，是在北极地区最活跃的非北极国家之一。意大利在北极地区的活动，主要集中在积极参与国际合作，保护北极环境和原住民权利，推动北极地区各领域科研研究，积极合理开发利用北极资源。意大利认为北极理事会是该区域国际合作的基石，并决心继续积极参与其工作。意大利处理北极问题遵循的几项基本原则，符合其作为北极理事会观察员的承诺：尊重北极国家的主权和适用于北极的国际法，主要是执行海洋法；促进保护当地和土著人民的传统和文化，促进在北极问题上的多边和双边合作；在商界的参与下，按照最高的环境保护标准和可持续发展原则,为北极的经济发展做出贡献。意大利认为国际合作和相互对话对于保持北极安全、稳定和地区和平至关重要。

(四) 印度的北极政策

2021年1月印度政府正式对外公布《印度北极政策(征求意见版)》。① 通过该文件可以看出,印度将自己视为极地国家之一,在计划积极参与北极治理的同时强调其极地国家身份。该文件不仅表达了印度推动北极前沿科学发展的愿望,更体现了印度的全球战略雄心。

1. 印度与北极的关系

虽然距离北极十分遥远,但印度认为北极的变化会影响其水源安全和可持续发展、天气条件和季风模式、海岸侵蚀和冰川融化、经济安全和国家发展的关键方面等。印度对北极事务的参与可以追溯到1920年2月《斯匹次卑尔根条约》。然而,1947年印度才作为一个独立的主权国家出现,因此,在1920年,印度无法签署任何协议。目前,印度的北极问题由国家极地和海洋研究中心、地球科学部和外交部在北极理事会中代表印度处理。其中,国家极地和海洋研究中心是印度极地研究方案(也包括北极研究)的核心机构。其他许多部委和机构都参与了与北极相关的活动,印度政府计划在未来深化这些部门对北极问题的参与度。

2007年,印度对北极进行了第一次科学考察,2008年,印度在挪威斯匹次卑尔根群岛的奥勒松国际北极研究基地建立了

---

① Draft Arctic Policy of India-GKToday, https://www.gktoday.in/current-affairs/draft-arctic-policy-of-india/

"Himadri"（印度语中意为"山顶之雪"）研究站，标志着印度正式加入北极科研活动。同年，印度成为新奥勒松科学管理委员会成员。2009年，印度与挪威极地研究所签订了谅解备忘录，共同开展在北极的科研活动。2011年，印度成为国际北极科学委员会的观察国，2012年正式加入其中。2013年，印度成为北极理事会的观察员。2014年，印度首个多传感器系泊天文台部署成功。2016年，印度最北端的大气实验室成立。印度的北极站Himadri自成立以来，已有三百多名印度研究人员在该站工作。自2007年以来，印度已向北极派遣了13次探险队，并运行了23个正在进行的项目。随着参与斯匹次卑尔根群岛沿海巡航和其他几次国际探险，印度对北极事务的参与近来显著增加。

2. 印度北极政策的目标和基本原则

印度的北极政策旨在增加印度在北极地区的存在和作用，印度希望通过其北极政策"提高其人力资源能力"，总体方针是"通过加强印度国家极地和海洋研究中心、让印度的学术和科学机构参与北极事务，提高其在北极科学研究的能力、地位和认识"。印度北极政策的主要目标是：第一，更好地理解北极与印度季风之间的联系，协调极地研究与第三极（喜马拉雅山）的关系，促进印度国内对北极的研究和了解。第二，确保可持续地利用北极资源的方式与北极理事会等机构制定的最佳做法相一致。同时，印度的北极政策草案规划了一条依靠自身能力加强与该地区接触的前进道路。

3. 印度北极政策的主要措施

印度北极政策的优先事项与其他非北极国家相似，主要有五个领域：科学研究活动、经济和人类发展合作（资源开发利用、原住民事务）、交通运输、北极治理和国际合作以及国家能力建设（人力资源能力）。"可持续参与"是印度北极政策的基本方法，科学研究与资源开发利用是印度北极政策未来的主要方向。

（1）北极科学研究

印度关心的主要问题是了解气候变化对北极地区影响的重要性及其与印度季风的联系。印度试图通过利用其在喜马拉雅山和极地研究方面的庞大科学库和专业知识，在北极地区发挥更大、更具建设性的作用。印度希望设在果阿的国家极地和海洋研究中心领导科学研究，并作为协调机构在各科学机构之间进行协调，通过扩大"地球科学、生物科学、地球科学、气候变化和空间科学"来提高国内科学研究能力。加强"喜马德里"，与从事极地科学的科学机构建立合作，并购买和建造冰级船只，以加强印度的北极科研。

（2）北极资源开发利用

寻求与北极国家互利合作开发北极资源是印度北极能源政策的重点之一。印度高度关注北极地区的资源开发利用，侧重于该地区的石油和天然气勘探，包括天然气、矿产和可再生能源，以确保其能源安全。印度还将北极地区视为促进商业活动各个方面发展的有潜力的领域。印度利用其在数字经济方面的专门知识，促进该区域商业数据中心的建立。同时印度鼓励工商会加强在北极地区的私人投资，并探索公私伙伴关系模式，鼓励印度公司获得北极经济理事会成员资格。

（3）北极地区原住民

印度认为自己在解决原住民问题方面拥有丰富的经验，因此，将加强与北极地区原住民的合作，协助北极原住民群体应对各种挑战。

（4）交通运输

印度探索将国际南北运输走廊与统一深水系统连接起来并进一步延伸到北极的可能性，考虑通过在两个重要港口城市之间（钦奈—符拉迪沃斯托克）建立海上走廊来开辟一条海上航线。印度预测，北极的无冰条件将很快导致新航线的开放，从而降低成本，重塑全球贸易。

（5）北极治理与国际合作

印度希望与北极地区所有利益攸关方开展国际合作和建立伙伴关系；维护国际法，特别是"海洋法公约"，包括其中所规定的权利和自由；积极参与与北极有关的国际气候变化和环境条约框架；积极参与各种印度作为其成员的区域组织活动，如国际海事组织和国际水道测量组织；根据联合国2030年可持续发展目标框架，参与本区域的经济活动。

（6）人力资源能力

印度希望通过北极政策提高其人力资源能力，加强国家能力建设。北极地区的开发为印度加强其人力资源能力提供了新的契机，从科学研究和勘探到航海和经济合作等各个部门都需要有熟练的劳动力。作为其参与北极事务的一部分，印度在这方面的总体方针是：通过加强国家极地和海洋研究中心，让印度的学术和科学机构参与并成为协调机构，提高北极科学研究的能力、地位和认识；通过扩大地球科学、生物科学、气候变化和与空间有关的方案，提升国内科学研究能力；加强在全球气候建模方面的研究能力，特别侧重南亚，尤其是北极变暖对季风变化的影响；在石油研究所实施与北极有关的矿产/石油和天然气勘探方案；鼓励旅游业和酒店业提升与北极企业接触的专门能力和认识；拓展关于北极蓝色生物经济的学生课程；促进对海员进行极地导航培训的航海培训机构的发展，培养开展北极过境所需的区域特定水文能力和技能；在海运保险、租船、仲裁和经济方面的英语技能的支持下，增加印度服务业训练有素的人力；在北极海洋、法律、环境和治理问题上建立广泛的体制基础。

4. 结语

北极对印度的重要性不断增加，这主要是由于气候变化和全球变暖带来的相关挑战。印度将科学研究作为接近北极的工具，强调北极与季风的联系以及喜马拉雅山是"第三极"的观点。印度通过北极政策，在积极参与北极事务的同时强调其极地国家的身份。印度将北极称为"人类的共同遗产"，重新引发了关于全球公域的争论，不过印度是北极理事会的观察员，并同意维护北极国家主权的渥太华宣言。科学研究与资源开发利用是印度北极政策的两大支柱。印度的北极问题由国家极地和海洋研究中心、地球科学部和外交部在北极理事会中代表印度处理。许多其他部委和机构都参与了与北极相关的活动，印度政府计划在未来增强他们对北极事务的参与。

种种迹象表明，印度在北极的活动已变得多元化。印度将北极视为人类的共同遗产。它有能力利用其庞大的人力资源帮助探索北极并保护其独特的生物多样性。印度认为，根据国际法，包括《联合国海洋法公约》，在这个脆弱地区的任何人类活动都必须是可持续、负责任和透明的。因此，印度期待作为负责任的伙伴扩大与北极地区及其理事机构的接触。

（五）日本的北极政策

2015年10月，日本正式出台《日本的北极政策》，该政策由快速变化的北极环境、基本政策的背景和目的、亟待解决的北极问题、具体举措四个部分组成。2018年推出的第3期《海洋基本计划》提升了日本北极政策的地位，将推进北极政策作为应该主要执行的海洋政策中的一项，该计划在研究开发、国际合作、可持续利用三个重点领域规定了具体的执行措施。

1. 日本与北极的关系

日本是亚洲国家中最早开展极地探索的国家。第一次世界大战后，日本作为协约国胜利方参与了对斯匹次卑尔根群岛的政治安排，并成为1920年订立的《斯匹次卑尔根群岛条约》九个原始缔约国之一。日本认为，北极地区的环境变化对日本的国家发展、生态环境、气候等造成影响。自20世纪50年代以来，日本一直关注北极的环境变化。20世纪70年代，日本设立了国立极地研究所，开展对北极地区的中高层和超高层大气研究。80年代末，日本与苏联开展了开辟北极航道的合作调研。1990年，日本设立北极环境研究中心（AERC），同年加入国际北极科学委员会（IASC）。1991年，日本在斯匹次卑尔根群岛建立了北极科考站。冷战结束后，日本开始加大力度参与北极事务。1993—1999年，日本海洋政策研究财团同挪威南森研究所和俄罗斯中央海洋船舶设计研究所共同开展"国际北极航道"课题研究，于2000年发布了研究报告《北极航道：连接欧洲与东亚的最短航道》。与此同时，日本对北极的商业兴趣也同步增长。日本资助了国际"北方海航道"研究计划（INSROP，1993—1999），参与了格陵兰石油勘探项目（1993—1996）。1998年，日本海洋研究船Mirai号首次进入北冰洋，开展海洋调查。2010年日本成立了名为"日本北极海会议"的北极问题研究会。2013年日本任命北极大使，开展北极外交政策准备。2013年4月日本内阁批准了《海洋政策基本计划》。该计划将北冰洋视为战略性和综合性的关键海域，并指出三大关注领域：全球视角下的北极观测和研究；北极国际合作；北极航道可行性评估。2013年5月，日本被授予北极理事会的观察员地位。2015年10月，冰岛北极圈论坛召开之际，日本海洋政策本部正式发布《日本的北极政策》，以《海洋基本计划》为依据，界定了日本北极政策的目标和利益。

2. 日本的北极政策目标和基本原则

日本北极战略呈现出新的态势，更注重将深度参与北极事务政策体系的构建作为其北极战略的重要目标。一是深度挖掘北极的经济价值；二是维护和拓展日本的安全战略环境；三是提升日本在国际社会参与北极治理的话语权。

日本北极政策的目标包括：第一，从全球视角充分利用日本的北极科学和技术能力；第二，充分考虑北极环境和生态系统的脆弱性和不易恢复性；第三，维护北极法治，促进国际合作以和平有序的方式发展；第四，尊重北极原住民延续其传统经济和社会根基的权利；第五，充分关注北极安全发展；第六，致力于气候与环境变化下的北极经济和社会协调发展；第七，寻求北极航道和资源的开发机会。

3. 日本北极政策的主要措施

（1）北极科研

一是在推进北极地区研究项目的同时，继续通过自然科学与人文社会科学领域的联动推进国际共同研究。二是推进用于极地观测的无人潜航器等先进技术的开发。三是推进建造具备碎冰功能的北极地区科考船。四是通过在北极圈国家建设研究、观测基地，以及派遣学者等方式，加强在北极的国际共同研究；建立一个由多所大学和其他研究组织组成的网络促进跨学科交流研究，建成共享卫星、研究船和高性能计算机等研究基础设施。五是培养能够引领国际性主题讨论的人才，为了北极研究能够继续发展，日本加快培养能够进行北极课题研究的青年人才，并向国外大学、研究机构派遣青年学者，期望他们在北极问题及其解决方案的国际讨论中发挥主导作用。

（2）国际合作

一是积极应对关于北极的全球性课题并制定国际规则，呼吁和推动以《联合国海洋法公约》为基础、尊重包括"航行自由"在内的原则。二是呼吁建设双边或多边机制，鼓励充分利用以观测、研究为基础的科学成就；除了与北极国家进一步交流意见外，考虑发起有关北极的双边会议。通过积极参加北极圈、北极前沿和其他与北极有关的国际论坛，提出日本的观点、交流研究与观察成果。三是进一步促进以北极圈国家为主的各国间围绕北极问题交换意见。四是加强对北极理事会工作的支持，扩大在北极理事会框架下的合作交流。

（3）可持续发展

一是为充分利用北冰洋航道改善相关环境，了解北极航道的自然、技术、制度、经济等相关议题，构建海冰分布预测和气象预测等航行支援系统，推进北极环境的整顿，以保障日本海运企业能够利用北极航道。二是为北冰洋航道航行安全继续开展实证工作，为制作海冰速报图提供支持。三是为应对北极地区的气候变化寻找对策，推动在日本国内落实"巴黎协定"和联合国可持续发展目标。四是通过利用日本官方与民间的经验和科学成就，以及最先进的科学技术，进一步围绕预防和应对污染策略展开讨论。五是鼓励日本经济界积极参与北极经济理事会或者北极圈论坛等相关国际论坛，努力使日本公司更多地参与北极地区的经济活动。

（4）北冰洋海洋环境

一是日本将建立一个可以持续和长期地参与研究和观察北极环境变化的系统，以此来评估海洋影响，同时研究开发海洋资源的方法，包括进一步改进数值建模。此外，日本应与其他关切北极的国家签订有关保护北极海洋环境的国际协定。二是努力应对北冰洋的环境变化。努力在北冰洋进行观测和科学研究，促进技术发展，加强观测活动和预测系统，以准确了解环境变化的影响。三是加强对北冰洋海洋环境的保护。努力解决北极地区气候变化问题，努力在国内执行《巴黎协定》和联合国可持续发展目标。防止非法捕鱼，严格管理该地区的渔业资源。与包括北极沿岸国家在内的有关国家共同参与并制定北极规则，并积极为实现北极地区的可持续利用作出贡献。

(5) 海洋经济

一是日本将努力采取措施刺激经济,例如改善基础设施,促进北极海上路线的使用,提高公众对于北极海上路线利用的认识,建立有利的投资环境,鼓励和支持创新,加强对北极环境和生物多样性的评估。此外,日本应特别重视与北极沿岸国家建立双边合作,将北极蓝色经济与日本海洋工业的健康发展联系起来。二是创造与北极相关的商业机会。通过海洋领域的跨部门创新给予支持,改善海洋研究中心研究环境,发展海洋技术和联合创新,以及与北极沿岸国家和其他有关国家交换意见,以此在北极创造国际商业机会。

(6) 北极安全

由于北冰洋海冰减少导致经济活动扩大,日本将敦促所有有关国家开展双边和多边对话,维持该领域的法治,以避免北极地区军事紧张局势升级①。日本强调尊重国际法的重要性,包括"航行自由"的原则。对日本来说,可利用其主要力量确保北极海上路线的安全航行。

4. 结语

北极政策是日本海洋政策的重要组成部分。由于气候变化等因素的影响,日本的北极政策受政府重视程度不断提升。日本的北极政策经过了较长时间的准备和实践探索。除北极天然气开发和航道利用带来的经济机会外,日本更看重北极地区对于提高其国际影响力的作用和航道大规模利用可能给日本带来的海防安全问题。日本北极政策强调对北极传统安全问题的关注,

---

① 《渥太华宣言》(1996年9月19日通过)指出,北极理事会"不应处理与军事安全有关的问题"。"关于北极的军事和安全问题,由安理会成员国代表组成的北极安全部队圆桌会议(ASFR)发挥提高北冰洋海域认识(MDA)以及促进搜救领域合作和信息共享的作用。

并认为北极军事化将改变国际安全环境。

2021年版日本《外交蓝皮书》特别关注俄美中等国的北极政策,重点介绍了日本的北极地区研究项目以及与美加俄等国开展的合作。2021年版《防卫白皮书》称在北冰洋海域出现了其他国家加强军力以及部分沿岸国家进行海底调查的动向。2021年4月,日本综合海洋政策本部举行第56次会议,向首相提交"关于维护国际协作和推进国际合作项目团队的报告",强调应加强对北极地区的研究、积极参与北极的秩序构建。

在近年北极治理呈现出新态势的背景下,日本抓住北极治理的战略机遇,从国内、国际两个层面不断完善并推进本国的北极战略。日本北极战略朝着综合规划的方向发展,决策机制上,旧有的外务省等省厅主导的禀议制已转型为首相官邸决策体系,发展模式上以国内产、学、政各界的良好互动体系为依托,积极强化与北极国家关于科研、立法等领域的多边合作,所有这些都为日本北极战略政策的顺利落地提供了重要保障。

(六)荷兰的北极政策

2021年4月,荷兰外交部发布《极地战略2021—2025》。该战略强调,荷兰将在南北极地区继续秉持可持续性、国际合作和科学研究三个理念,努力保护极地地区的生态系统和环境,加强国际合作,并确保经济活动的可持续性。在北极地区,荷兰将加强外交努力,致力于保护人类利益、环境以及国际安全与稳定。

1. 荷兰与北极的关系

从1594年起,荷兰人巴伦支开始了他的3次北极航行。1596年,他不仅发现了斯匹次卑尔根岛,而且到达了北纬79°49′,创造了人类北进的新纪录,并成为第一批在北极越冬的欧洲人。荷兰是北极理事会的永久观察员之一，并积极参与北极理事会下属工作组的事务。自 1992 年以来，荷兰一直在为北极理事会的 CAFF（北极动植物保护）工作组的研究做贡献，期间特别关注在荷兰停留的候鸟。荷兰是少数几个批准国际劳工组织第 169 号公约的国家之一。在欧盟内部，北极的土著人民受到联盟法中具体规定的保护，也受益于欧盟的区域政策和跨境方案。荷兰非常重视由欧洲委员会组织的年度与北极土著人民的对话，大力保护北极文化并支持该区域的自主发展。自 1996 年以来，荷兰一直在北极理事会框架下与相关国家进行建设性合作，并更密切地参与交流委员会工作。荷兰在 AMAP、CAFF 和 SDWG 的几个项目和专家组中都有代表。自 2019 年以来，荷兰一直是北极理事会 PAME 工作组的积极成员，该小组积极关注北极的航运情况。

2. 荷兰的北极政策目标和基本原则

一段时间以来，荷兰的极地政策一直建立在三个关键概念之上：可持续性、国际合作和科学研究，这也成为荷兰极地政策的基础。荷兰对北极地区的贡献主要集中在保护人类利益、环境和国际安全与稳定方面，并且采取多种贡献方式，包括支持和（必要时根据《联合国海洋法公约》）加强国际法律和行政框架；鼓励相关国家遵守有关可持续性发展的国际协议和标准。作为北极理事会观察员，荷兰积极与北极国家开展双边合作，协助该地区保持政治稳定，并向所有相关国家强调合作和参与的重要性。荷兰加强在北极地区的外交行动，以确保北极地区发展的安全性和可持续性。

荷兰制定的极地研究方案指出了极地研究的目标：一是气候变化，重点研究极地海洋、大气、海冰和陆冰的变化；二是生态系统动力学，包括对水中、陆上和与海冰和陆地冰相关的生物和生态过程的研究；三是社会科学和人文学科，从法律、历史学、社会学、经济学、公共管理和文化研究的角度，关注对可持续性、宜居性和安全的研究；四是可持续发展性，包括对寒冷地区的人类活动和技术的影响进行综合分析的研究，以提高极地地区从经济到科学的各种形式开发的可持续性和安全性。

3. 荷兰北极政策主要措施

（1）环境和气候变化

荷兰致力于遏制和适应北极气候变化，防止北极地区的环境污染，保护生物多样性、土著群体和海洋环境。

一是气候变化领域，减少温室气体和其他有害物质的排放。荷兰政府在国内正努力通过国家气候协定和国家气候适应战略的实施来实现这一目标；在国际上正通过气候融资和气候外交来向这一目标迈进。

在新冠疫情带来的全球变化的背景下，荷兰政府继续鼓励其他国家在实现《巴黎协定》目标方面发挥积极作用。在和欧盟多边及双边接触中，荷兰政府正在推动绿色和包容性的经济复苏。

二是保持北极地区生物多样性。在未来一段时间里，北极动植物保护工作组将利用荷兰科研积累的专业知识，帮助保护北极的生物多样性和北极的生态系统。在欧盟内部，荷兰将敦促欧盟实现在生物多样性战略中规定的保护生物多样性的目标。根据国际海洋治理议程，欧盟将欢迎就保护和可持续利用国家管辖范围以外地区的海洋生物多样性达成一项具有法律约束力的协议（BBNJ）。欧盟希望尽快批准和实施该协议，荷兰对此表示大力支持。在国际范围内，荷兰主张通过引入一个新战略框架来加强《生物多样性公约》（2020年后的全球生物多样性框架），这也将有助于保护北极的生物多样性。

三是关于北极地区土著居民。未来荷兰将继续作为北极理事会可持续发展工作组（SDWG）的积极成员，帮助北极土著人民参与 SDWG 项目，该项目涉及领域广泛，包括促进性别平等和在严酷的北极气候条件下研究可持续房屋建设的方法。

四是保护北极海洋环境。为了保护北极的海洋环境和生物多样性，荷兰支持在该地区建立一个海洋保护区（MPAs）网络。荷兰还鼓励就项目和方案的环境影响评估进行更多的国际知识分享，特别是在北极理事会内部。荷兰支持进行海洋空间规划，汇集对海洋感兴趣的各部门和政党，如运输、渔业、能源、工业、娱乐、自然保护部门和各级政府，就可持续利用海洋环境及其资源进行决策。荷兰还提倡以自然为基础的解决方案，将可持续利用自然作为解决社会生态挑战的方案。

五是治理北极污染物。荷兰将继续积极地为北极监测和评估方案（AMAP）的工作作出贡献。在未来一段时期内，荷兰将利用这些数据确定哪些北极委员会的北极海洋环境保护（PAME）项目可以加入。目前，人们对海洋凋落物的确切来源、潜在原因和环境影响知之甚少。因此，在执行欧盟海洋战略框架指令、水框架指令和欧盟一次性塑料指令的框架内，荷兰将支持在国内和国际上进一步研究这一问题的倡议。PAME 工作组正在制定一项海洋垃圾区域行动计划。荷兰支持北极国家努力将有关北极垃圾处理的问题列入北极理事会的议程。

（2）加强北极地区国际合作

一是完善北极地区的国际治理和管理体系。荷兰认为，全面开放的国际治理平台是北极地区海洋可持续治理和管理制度完善（包括强制性解决冲突的机制）最重要的基础。因此，荷兰将继续呼吁所有北极国家同意国际社会参与北极治理。

二是积极参与北极理事会各项工作。荷兰希望继续与北极理事会进行建设性合作，并以观察员的身份更密切地参与交流委员会的工作。根据之前的《极地战略（2016—2020）》，在过去几年里荷兰积极参与交流委员会的工作组。在今后五年内，鉴于这些工作组中的项目不断变化以及它们与政策的相关性不断增加，荷兰将采取更灵活的办法来参与这些工作组。

三是加强与环北极国家的双边合作。鉴于北极地区对荷兰的重要性，荷兰政府正式出台《极地战略》，目的是加强发展与北极国家的双边关系，探索进一步开展北极地区科研和政策合作的潜力，由此看来，该战略尤其适用于欧洲北极国家和欧盟。为了能与其他国家进行高水平的会谈，并提高其积极践行极地政策的形象，荷兰外交部将继续设立北极大使。

四是加强与欧盟在北极政策方面的合作。为了回应欧洲委员会的协商要求，荷兰以各种方式向欧盟提出意见。荷兰政府向欧盟提供相关专业知识，以制定积极和有效的欧盟北极政策，具体的细节和范围将取决于欧盟新政策的实质内容。

五是维护北极地区的地缘政治稳定与安全。荷兰致力于创建强有力的国际法律秩序和在相关论坛上建立积极的合作关系。荷兰政府认为，必须继续和深化与北极地区相关国家之间的合作，开展以合作和稳定为基础的协商，防止北极的事态发展对荷兰资源安全产生负面影响。

荷兰赞成在北约内部处理北极地区及其周边地区的安全发展问题，北极国家加拿大、美国、挪威、丹麦和冰岛都是北约成员国，荷兰支持与有关国家监测各种事态发展趋势，继续监测北极地区的安全局势，以实现长期稳定。荷兰将敦促北约恢复与俄罗斯的协商，或让俄罗斯参与有关北极地区安全与稳定的现有谈判。因此，荷兰将支持使北约在北极地区的活动更加透明的倡议，并鼓励俄罗斯公开自己的活动和意图。

（3）**确保可持续发展的经济活动**

荷兰将尽可能地为北极国家提供其私营部门收集的相关信息。荷兰的私营公司、科研机构、非政府组织和一些政府部门的代表已经组成了"荷兰北极圈"（DAC），它们将非正式地分享有关北极活动的相关信息。DAC在未来几年将鼓励荷兰公司不断提高相关知识和技能，并确定如何将其用于北极的可持续发展。

一是开发北极海上航线。北极的通航能力直接影响着荷兰经济，尤其是在港口贸易、旅游业和渔业。荷兰利用国际论坛倡导在北极航运、资源开采、旅游业和渔业的商业活动参与者遵守自由贸易、安全和可持续性的国际协定和标准。荷兰公司目前希望政府以预防原则和保护生态系统方法为指导，在这个战略的框架内支持北极地区的经济开发。

二是北极地区的能源和资源开发利用。在与联合国、北极理事会及其他国家的双边接触中，荷兰将继续敦促在北极地区的石油和天然气开采遵守最严格的环境和安全标准，以保护该地区脆弱的生态系统。对荷兰来说，重要的是应负责任地开采包括矿产和稀土元素在内的资源，并避免建立单方面的战略依赖关系。

三是北极船运方面。荷兰鼓励其航运公司加入北极探险邮轮运营商协会（AECO）。此外，荷兰将在北极理事会和国际海事组织中更有力地论证北极发展可持续旅游业的合理性。荷兰将致力于在国际海事组织框架下，参与极地旅游资源的开发。

四是开发北极渔业资源。北极土著居民的生计严重依赖渔业，并且海冰的融化正在开辟新的渔场，随着海冰消退、海水变暖，一些鱼类资源预计会向北移动，到目前为止，大多数渔场都在北极沿海各州的专属经济区内，荷兰将会持续关注该领域的发展。

4. 结语

荷兰在北极地区的探险、科考和研究历史悠久，同时该国也是北极理事会永久观察员之一。荷兰认为北极地区的变化对本国同时产生了直接和间接的影响。荷兰的极地政策一直建立在三个关键概念之上：可持续性、国际合作和科学研究。荷兰将继续努力保护极地地区的生态系统和环境，加强国际合作，并确保北极经济活动的可持续发展。

关于北极地区，荷兰的努力主要集中在保护人类利益、环境和国际安全与稳定方面。荷兰鼓励遵守有关可持续性的国际协议和标准，包括支持和加强国际法律和行政框架。荷兰强调所有国家参与北极合作治理的重要性，加强对北极地区的外交努力，以确保人类与极地地区的关系是安全和可持续的。作为加强和遵守国际法律秩序的倡导者，荷兰认为以共识为基础的组织、协定和条约可以发挥重要作用，它们不仅有助于加强北极国家之间的合作，还有助于加强该地区与更广泛的国际社会之间的合作。荷兰认为北极地区竞争正在加剧，必须谨慎地开展行动，以免加剧紧张局势。荷兰认为，强有力的国际法律秩序和在有关论坛上的积极合作提高了透明度，可以确保北极的所有行动者为各方的和平和可持续发展作出贡献。

（七）波兰的北极政策

2015 年，波兰发布了《波兰对北极的政策：关键领域和优先行动》，对不断变化的北极、在北极的部署、管理北极、国际合作与科学外交等 12 个方面进行了梳理和解读。2017 年 9 月，波兰又发布了专门的《波兰极地研究战略：2017—2027》，对波兰极地研究的法律、组织框架、研究潜力、发展愿景以及波兰学者的研究领域进行了介绍。

1. 波兰与北极的关系

波兰在北极有长期的研究传统和外交活动历史。1931 年波兰成为《斯匹次卑尔根群岛条约》的缔约国之一，自 1996 年以来一直是北极理事会（AC）的观察员。尽管波兰在北极并不占有重要地位，也没有直接的政治和经济利益，但该国在该地区参与多方面的国际合作可能会对维护波兰国家安全，提高国际地位，特别是在欧盟、欧洲和跨大西洋方面有积极的作用。波兰政府每年对北极科研有充足的预算保障，十几个波兰科学中心在北极地区的研究活动现在正在进入一个新的发展阶段。波兰计划在内部组织间进行更多的协调（在波兰科学院极地研究委员会和波兰极地联盟内部），并提高国际项目的参与度。

波兰在北极地区的主要基地位于斯匹次卑尔根群岛。它于1931年批准了《斯匹次卑尔根群岛条约》。自1957年以来，波兰的一个研究站，即斯匹次卑尔根群岛霍恩森德峡湾海岸的西德莱基波兰极地站一直活跃在该群岛最大的岛屿上。此外，波兰还拥有大洋洲研究船，它在北极水域已经存在了28年。它还经营着自2000年以来一直活跃的霍里松特Ⅱ号研究船。波兰在斯匹次卑尔根群岛的研究基础设施和活动的另一个关键组成部分是由国内多所大学联合运营的现场站。波兰还是国际北极科学委员会（IASC）、欧洲极地研究委员会（EPB）、国际永久冻土工程协会（IPA）、北极研究运营商论坛（FARO）、极地早期职业科学家协会（APECS）等极地组织和国际合作结构的积极成员。

波兰整合极地研究的行动在该国科学界取得了重大成功。波兰科学院极地研究委员会、波兰极地联盟和极地研究中心为定期咨询和实际合作提供了平台。这些组织收集有关基础设施的信息，开展了多学科的研究项目，包括那些允许波兰参与国际极地倡议的项目。40多年来，作为波兰地理学会的一部分，极地俱乐部通过定期为科学家、探险家、体育爱好者和极地游客举办研讨会，帮助整个社区聚集在一起。

2. 波兰北极政策的目标和基本原则

波兰积极参与北极事务，充分利用在该地投入的资源，促进其有效发展，以服务于波兰的利益，提高其国际地位。波兰北极政策的目标和原则包括：第一，保护北极地区土著居民的权利和环境；第二，维护波兰作为北极重要参与国的愿景；第三，保证波兰在北极地区的国家利益；第四，维护波兰在北极地区强大和稳定的地位，及所有相关机构之间的合作，对波兰北极研究的持续投资、经济合作，与该地区社会参与者的良好关系，国际活动以及对欧盟北极政策都有积极的影响。

3. 波兰北极政策的主要措施

(1) 参与北极国际治理

从波兰的角度来看，关键是要积极参与区域合作机构，其中最重要的是北极理事会；参与并交流有关的倡议，使波兰能够在交流观察员中建立相对强大的地位。

(2) 国际合作与科学外交

北极的科学合作不仅是该地区最发达的国际合作形式之一，而且是以科学外交形式进行政治合作的基石，北极理事会工作组将其视为其工作的根本之策。国际北极科学委员会（IASC）是北极最大的科学合作平台，其重要的任务是由北极观测网络（SAON）、欧洲极地委员会和斯匹次卑尔根群岛科学论坛共同执行，而波兰在这些机构中都有代表。在未来几年里，波兰会继续在北极的主要行动领域开展科研活动，但从目前的研究合作来看，主要活动领域现有的人力和物资资源仍然紧缺。波兰扩大在北极的科学活动是极具发展前景的，因为波兰在北极的研究除了可以宣传波兰的形象外，还使波兰在北极理事会的存在合法化，并以此作为进入该地区的"门票"。

(3) 应对气候变化与对北极环境的保护

从长远来看，气候变化对北极环境造成了严重的影响。尽管源自波兰的污染范围小，但也会影响北极的环境，因此波兰应在北极理事会的相关工作中发挥积极作用，并在国际论坛上探讨北极问题。此外，在过去20年里，波兰在减少温室气体和长期污染物的排放方面取得了重大进展。这一关键的贡献，加上波兰霍恩森德研究站运作中应用的高环境标准的例子，值得通过公共外交手段积极推广。

(4) 推动北极社会经济发展

北极地区社会经济发展方面具有极大潜力。波兰在该地区发展前景广阔，因此行动的重点应放在最有前途的地区（挪威北部、冰岛和格陵兰）和部门（采矿、建筑、工程、信息和通信技术、出口和研发合作），来自这些行业的波兰公司已经在北欧地区站稳了脚跟。此外，波兰目前关注发展信息和通信技术以及绿色经济部门，增加了与当地公司建立有益伙伴关系的可能性。在北美和俄罗斯地区，波兰公司无法利用与最近一次波兰移民浪潮有关的杠杆作用，这是北欧国家的特征。更通俗地说，由于移民在该地区发挥着越来越突出的作用，需要通过公共外交手段来分析和强调波兰移民对该地区发展的贡献。应利用现有的贸易和经济合作、文化等渠道促进与当地伙伴的长期合作，以此来支持外交和战略行动。

(5) 开发北极地区能源和非能源资源

北极地区拥有大量的能源（石油和天然气）和非能源（铁、镍、金、锌、稀土元素等）资源，而且新发现能源的可能性很高。波兰公司正在以单独或合作的形式参与巴伦支海和格陵兰岛的勘探工作。

(6) 海上运输和造船

波兰作为一个主要的波罗的海转运和目的地，背负欧洲和亚洲之间海上运输的重要责任，而这是与北极海上业务相关的关键资产来源，应进一步加强波兰在该地区的部署。因此，在考虑经济和商业机会及利益的同时，还应充分发挥波兰的北极航海经验的作用。

(7) 渔业

虽然到 2030 年，北冰洋中部的渔业没有扩张的可能，但却确保了波兰在北极水域，特别是在巴伦支海的重要利益。考虑到欧盟共同渔业政策（CFP），应该在欧盟内部采取相关行动。在 CFP 框架内，波兰应考虑在冰岛和格陵兰岛周围水域发展渔业，还应与挪威和冰岛等国家进行渔业合作，并从中受益。

（8）**推动与欧盟在北极政策中的合作**

欧盟在北极的活动是波兰制定北极政策的一个重要参考点。波兰应支持欧盟旨在推进北极政策的倡议，与欧盟在北极问题上的合作可能成为波兰推进北极政策的一个重要因素。波兰在制定北极政策时，应该在北极问题上发挥与其他欧盟成员国之间的协同作用。

（9）**波兰北极政策的优先行动**

未来波兰将采取以下五个方面的措施参与北极事务：一是在北极理事会更积极地参与各项工作；二是通过公共外交明确其参与北极地区事务的独特性；三是支持波兰的北极科学研究；四是推进北极倡议的制定和执行；五是及时建立一个促进波兰学术界、商界和非政府部门代表合作的协调框架。

4. 结语

波兰参与北极地区事务历史悠久，于 1931 年签署了《斯匹次卑尔根群岛条约》，被接纳为第一批北极理事会永久观察员，并积极参与北极理事会各项活动，是北极治理国际舞台上的积极参与者。近年来，波兰不断加强在北极地区的科考力度和研究力量投入，力求通过对北极地区的科学研究，作为其深度参与北极地区事务的门票。波兰在北极地区的科考活动可以追溯到 20 世纪 50 年代，当时波兰在北极地区设立了科考站，并派遣了研究船，供波兰和国际科学家使用。未来一段时间，波兰将在北极地区科考、环境保护、资源开发利用、渔业资源开发以及航运和造船等领域深度参与，积极推动与欧盟在北极相关政策领域的互动，维护波兰在北极地区的部署和利益。

（八）新加坡的北极政策

新加坡目前尚未出台北极政策相关文件，且对其战略目标缄口不言，但却在各种国际场合反复强调其对北极地区的有益贡献。尽管未颁布正式政策，新加坡还是准确找到了参与北极事务的贡献点，在阐述自身北极利益时明确将保护北极环境、维护北极安全、促进北极经济发展、推动北极社会的发展以及应对全球气候变化5个方面作为其北极工作的重点，[①]并通过接触北极地区各利益攸关方试图将自己塑造成北极圈内一个善治而值得信任的伙伴。

1. 新加坡与北极的关系

新加坡是一个北极"新人"。各国制定北极地区重要条约《斯匹次卑尔根群岛条约》之时，新加坡尚未作为独立国家出现。新加坡参与北极事务起步晚，根据其官方报道，新加坡介入北极事务始于2009年，当时其国内进行过关于北极对新加坡影响的研究[②]。2006年，新加坡的造船大鳄吉宝企业旗下的吉宝新满利（Keppel Singmarine）曾赢得为俄罗斯卢克石油公司建造2艘北极破冰船的合同[③]，实现了新加坡北极事务的商业性参与。2010年新加坡开始计划以正式观察员身份加入北

---

① Ministry of Foreign Affairs of Singapore, Europe-Arctic Council [EB/OL], 2020-02-25 [2020 - 02 - 27], https://www.mfa.gov.sg/SINGAPORES-FOREIGN-POLICY/Countries-and-Regions/Europe.

② Ministry of Foreign Affairs Singapore, "Singapore in the Arctic", http://www.mfa.gov.sg/content/mfa/media_centre/press_room/pr/2013/201310/press_20131014_01.printable.html? status = 1, 2014 - 03 - 07.

③ M. Nirmala, "Fuelled by strategic interest in cold North", *The Strait Times*, http://www.stasiareport.com/the-big-story/asia-report/opinion/story/fuelled-strategic-in-terest-cold-north-20130521, 2013-12-06.

极理事会①。北极理事会观察员新标准出台后，2011年12月新加坡正式递交观察员身份申请，并于2012年年初任命司迪齐（Kemal Siddique）为该国首任北极事务特使，还邀请北极原住民代表访问新加坡，派员参加斯匹次卑尔根高北极研究和第10届北极地区议员会议。2013年，新加坡成为北极理事会的观察员，开始积极参与北极的各类活动，标志着其北极事务参与步入新阶段。尽管观察员新标准限制很多，但观察员身份为新加坡进一步参与北极事务创造了条件。新加坡随后加大了对北极事务的参与力度，在北极理事会下属多个工作组和任务组崭露头角。2013年10月，新加坡议会高官陈振泉参加了在冰岛召开的首届"北极圈论坛"（Arctic Circle），发表了"新加坡在北极"的演讲，阐述了新加坡在北极存在的利益及所能提供的贡献，这是新加坡官方首次发表明确的北极政策宣言。随后新加坡相继以新身份参加了在加拿大白马城召开的北极理事会高官会和第11届议员会议。2014年10月底，新加坡又参加了第2届"北极圈论坛"，在陈振泉"新加坡和北极——接下来的步骤"演说中②，设定了新加坡参与北极事务的领域：极地航运规则制定、极地突发事件应对与预防、国际北极科考研究、密切与北极原住民交流、加强与相关北极国家和国际组织沟通合作等。而且新加坡欣然接受了冰岛总统奥拉维尔·格里姆松的提议，决定在2015年世界可持续海洋新加坡峰会期间主办一天"北极圈论坛"活动③。这次演说是新加坡前次北极圈论坛演讲的延续，也是其第

---

① "Keppel Singmarine completes Asia's first two ice-breakers for the Arctic", http://www.kepcorp.com/en/news_item.aspx?sid=1903, 2014-03-28.

② Ministry of Foreign Affairs Singapore, "Singa-pore and the Arctic—The Next Steps", http://www.mfa.gov.sg/content/mfa/media_centre/press_room/pr/2014/201410/press_20141101.printable.html?status=1, 2014-11-30.

③ Keppel Offshore & Marine, KOMtech-Arctic, http://www.keppelom.com/en/content.aspx?sid=3619.

二个北极政策宣言。此后，新加坡又邀请了 4 个北极原住民团体访问新加坡。几年间，新加坡的北极事务顺利展开，并获得了国际认可，效果明显。

2. 新加坡参与北极地区事务的原则

（1）北极利益攸关者

新加坡对北极展现出强烈兴趣源于其对本国生存发展的危机感。极地气候被誉为全球气候变化的晴雨表，气候变暖致使北冰洋海冰减少以及海平面上升，这给岛屿国家拉响了生存警报，因此地处赤道地区拥有海岛形态的新加坡正面临着生死攸关的考验。除了在本国加固海堤和改善沿海基础设施，新加坡必须通过与北极地区各方的沟通交流共同探寻应对之策。面对既带来生存危机又遍布发展机遇的北极地区，新加坡已决心将自己定位为北极利益攸关者。

（2）海洋事务的合作者

在新加坡政府的牵头下，新加坡工商界和学界都对北极产生了浓厚的兴趣。例如，海工巨头吉宝公司就与新加坡国立大学成立了企业实验室；吉宝旗下的科研机构海上和海洋技术中心着重开展北极开发的概念设计、北极撤离救生艇以及移动式防冰钻井装置等科研工作。[①] 新加坡在休闲旅游方面同样积累了众多经验，其公司利用海洋技术优势，纷纷将目光投向北极融冰后对其旅游资源的开发。吉宝公司"正在考虑建立浮式结构的北极枢纽，该枢纽使游客能够下船参观北极"。[②]

---

① 1Audrey Tan, "Melting sea ice sparks debate on tourism and shipping in the Arctic", https://www.straitstimes.com/world/europe/melting-sea-ice-sparks-debate-on-tourism-and-shipping-in-the-arctic.

② Audrey Tan, "Melting sea ice sparks debate on tourism and shipping in the Arctic", https://www.straitstimes.com/world/europe/melting-sea-ice-sparks-debate-on-tourism-and-shipping-in-the-arctic.

（3）多边平台的参与者

新加坡还参与北极地区的本地论坛，如北极圈和北极边境论坛，积极推动多个北极功能性平台的成立和发展，比如新加坡参加了北极动植物保护组以及北极海洋油污防治任务组等功能性平台的工作，国家公园委员会也定期向北极工作组交换北极候鸟在新加坡停留的信息。

（4）土著文化的传承者

新加坡以东西方文化交融、多元文化并存而闻名。新加坡政府倡导民族平等、宗教宽容的原则，保护少数民族的利益。对于本土人民，政府通过保护、保障、支持、照顾政策来提升原住民的竞争力，促进新加坡社会稳定、快速地发展。新加坡对于多元文化的认同也影响了"北极身份"的建构，"北极身份"最重要的一点就是通过加强对话和提高能力的培养计划来接触北极的土著居民。

3. 新加坡参与北极事务的主要措施

新加坡将自己的北极利益聚焦在"环境保护""资源开发利用""国际合作"和"社会治理"等方面。

（1）保护北极环境

北极环境变化对于新加坡国家安全的影响主要体现在非传统安全上。冰川融化导致的海平面上升使其面临沿海地区被淹没的风险，直接威胁新加坡的生存安全。全球变暖也影响到新加坡本地气候，表现为气温升高和降水异常，而这也加剧了热带传染病流行和热岛效应，威胁到公众健康。由于新加坡食品基本依赖进口，气候变暖也间接影响其粮食安全。此外，新加坡的生物多样性也受到北极环境变化的影响。在此背景下，其国家脆弱性更加凸显。新加坡对此采取了诸多适应措施，如提高知识和技能、保护沿岸、管理水资源、排水和防洪，新加坡还将利用自身优势积极参与北极的全球治理。

(2) 参与北极地区资源开发利用

北极地区的大规模开发利用，将有利于加强新加坡作为海工装备强国的国际地位。此外，作为区域重要的石油贸易枢纽和石化产业中心，北极能源开发也为新加坡能源进口多元化和炼油、石化行业的发展提供了新的机遇与选择。

(3) 参与北极地区全球治理国际合作平台

在北极问题上，新加坡积极发展与北极国家、原住民和多边平台的合作关系，主张域外力量在北极已有多边机制下进行建设性参与。另外，新加坡将积极参与北极国际机制建设，如国际海事组织（IMO）、极地冰区航行规则、"北极圈论坛"（AC）框架内极区突发事件预防与应对等。在当前北极治理机制不完善的背景下，新加坡的国际制度与适应能力能够为维护其在北极的国家利益创造条件，从而增强话语权，树立良好的国际形象，提高国际地位。

(4) 积极参与北极地区社会治理

由于北极变化深刻地影响了原住民的传统生活，新加坡相信人力社会发展对于北极也很重要，因为它能确保土著团体能继续保持他们的生活方式并且适应外界强加于他们的这些变化。为此，新加坡组织北极土著团体来新访问，培训土著人才，并将北极原住民在内的北极相关问题纳入到新加坡"第三世界国家培训计划"等对外援助项目中。新加坡还将参与到北极土著文化遗产的保护项目中，努力推动土著文化遗产同现代技术的有机结合。为了让新加坡国民关注北极，政府还多次组织北极文化展，以提高国民的北极意识。北极治理是一项系统工程，涉及多项尖端技术，新加坡在环保、资源勘探开发、港口建设和原住民权益保障等方面存在分享空间。海事和港务局在《海洋新加坡绿色倡议》中正试图将许多绿色技术推广到其参与的北极事务中。依托生物制药优势，新加坡也渴望在所谓"极地药物"方面提供援助，帮助部分北极原住民摆脱耐药性结核病的困扰。

4. 结语

气候暖化造成北冰洋海冰减少，海平面上升给岛屿国家拉响生存警报，地处赤道地区海岛形态的新加坡正面临着生死攸关的考验。如果说气候变化触发了新加坡的生存危机，那么气候暖化引起的全球航运格局转变则为新加坡的发展埋下一颗"定时炸弹"，大量船舶穿过马六甲海峡沟通东西方经济贸易，开辟北极航线将动摇新加坡作为全球航运枢纽的重要地位，严重制约其生存发展。新加坡充分利用其"海洋大国""小国领袖"和"多民族共和国"的国家特性来影响新加坡北极身份的建构，"海洋大国"的身份提升了新加坡参与北极海洋事务的话语权；"小国领袖"的身份推动新加坡尊重北极现有治理机制和国际规则，并且通过多层渠道积极开展外交；"多民族共和国"的社会特性使新加坡更加重视与北极地区的人文交流。新加坡在北极地区的行动清楚地表达了三组认同在该地区投入资源的意愿，一定程度上在北极再现了新加坡的海洋—社会治理模式。新加坡以在国内行之有效的方式，在陌生的区域完成了对其北极利益的界定并且成功地自我塑造了"北极国家"的身份认同。

（九）西班牙的北极政策

2016 年 7 月，西班牙发布了《西班牙极地战略指南》①。该文件阐述了西班牙制定极地战略的原因，分析了极地地区的地缘战

---

① Guidelines for a Spanish Polar Strategy (2016), https://www.uaf.edu/caps/resources/policy-documents/spain-guidelines-for-a-spanish-polar-strategy.pdf.

略和经济利益，列出了西班牙在极地地区进行科学研究、建设基础设施等行动的建议，包含了西班牙在北极和南极两个地区的战略行动建议。该文件共由 4 部分构成："今日的西班牙和极地地区""西班牙极地战略的原因""地缘战略方面""行动建议"。

1. 西班牙与北极的关系

西班牙得益于早期发达的航海技术，在极地地区的探险活动历史悠久。20 世纪 80 年代初开始，大量西班牙研究人员陆续参与国际极地科考。1998 年西班牙成立极地委员会负责和协调参与极地地区的活动，这也是西班牙在极地研究方面的一个重要转折点。

2006 年，西班牙被批准为北极理事会观察员。2009 年 3 月，西班牙成为国际北极科学委员会（IASC）成员，并从此开始参与各工作组的事务。西班牙也是保护东北大西洋海洋环境公约（OSPAR）的签署国和欧洲极地委员会（EPB）的成员，该委员会的工作主要是负责促进欧洲国家极地计划之间的协调。

2. 西班牙北极政策的目标和基本原则

西班牙极地战略主要目标和原则包括：维护极地地区和平和安全并保护环境，以及在国际合作的框架内开展极地科研；将西班牙在极地地区的部署视为国家战略利益，并将其作为利用一切资源（民事和军事）参与极地活动的基础；保护极地环境，采取必要的措施减少温室气体排放；支助西班牙参与所有主要的极地组织；根据北极沿岸国家通过的决议，在北极开展相关活动；积极参与欧盟北极政策的设计和制定，并保持行动与之一致；成为巴伦支海欧洲—北极理事会（BEAC）的正式成员；严格遵守 1982 年"海洋法公约"和国际海事组织的"极地规则"，促进自由、安全和环保的跨北极海上运输；考虑西班牙在北极的部署和保持其作为北极理事会观察员地位的地缘政治利益，促进西班牙研究人员参与理事会不同工作组活动；支持将《生物多样性公约》扩展到北极地区，并根据预防原则促进在北极实施环保和可持续开发政策；支持建立海洋、陆地保护区，突出极地研究作为一种全球地缘战略工具的重要性；强调西班牙在极地研究方面拥有自己的基础设施及其对极地科学贡献的良好国际声誉。

西班牙在极地地区的利益涉及不同的活动领域，包括资源开采、自然环境保护区、北极通航、商业活动以及与开发新技术有关的其他领域。西班牙认为，极地地区的资源开发及运输必须以稳定、可持续和环保的方式进行，同时必须更优先地在这种具有极端天气条件且具有独特生物的地区维持生物多样性和当地居民的生活条件。

3. 西班牙北极政策的主要措施

（1）科学研究

由于西班牙在北极的科学活动开展较晚，所以其参与程度较低。西班牙认为极地研究是本国科学系统的战略优先事项，这既是因为其科学重要性，也是因为其高度的国际化和对西班牙战略和社会经济领域的影响。西班牙在科学研究方面采取了以下行动。

第一，通过与其他国家建立正式关系，促进极地地区的流动，以便为从事西班牙方案的研究人员提供进入感兴趣领域的机会。西班牙在北极没有任何陆地基础设施，有必要正式建立与其他国家的关系，以便获得不同地理区域的设施，并通过利用西班牙资源开展海洋活动或将船只纳入欧洲舰队，促进在北极水域的研究。第二，开展科学合作，阐明促进西班牙与其他国家合作的措施，通过交换研究人员等行动，建立和加强长期联系。第三，管理长期监测观察活动并确保连续性，以便科学利用。第四，长期推广研究及发展计划。西班牙的科学战略考虑建立一个长期方案，在西班牙和其他国家科学家的参与下，监测和开展极地科学研究。第五，加强国家极地数据中心，以保证在今后的极地活动中获得数据。第六，促进新的研究领域和聘用新的科学家。第七，促进参与国际论坛。第八，促进西班牙极地活动的协调、交流和传播，将国家科学技术研究和创新方案合并，作为西班牙在极地地区进行科研活动的中心。第九，为年轻的极地研究人员提供新的机会。

(2) 基础设施保障

2016 年至今，西班牙在北极的优先事项可以概括为：第一，通过与其他国家或机构交换科学能力所需的必要协议，促进西班牙研究人员获得必要的北极陆上基础设施。第二，在北极开展海洋学研究活动。

(3) 渔业捕捞

西班牙拥有庞大的船队和悠久的捕鱼传统。西班牙海洋学研究所监测北极地区渔业资源，以确保北极资源开发的可持续性。然而，由于北极沿岸国家正逐步打算扩大各自的大陆架范围，因此西班牙在北极发展渔业有可能会受到限制。西班牙渔业资源的管理是由欧盟授权，受欧盟共同渔业政策的支持。作为欧盟成员国，西班牙现在是东北大西洋渔业委员会的成员国，其职权范围包括北极水域。指导西班牙在渔业方面采取行动的总体原则是保持渔业发展的可持续性，其中包括保护环境和打击非法捕鱼。因此，西班牙只有在国际或国家法规允许的情况下才能进行捕鱼活动，除此之外，保护环境也很重要，以防止渔场的活动对环境产生负面影响。基于上述原因，西班牙在渔业资源方面采取的行动将包括：一是在极地地区，建立海洋保护区以保护渔业资源，并且得到该地区主要渔业组织的同意。二是促进发展欧盟北极政策。三是继续收集渔业科学监测信息，以便在极地地区不同科学机构（西北大西洋的 NAFO 科学委员会和东北大西洋的国际海洋勘探委员会 ICES）的框架内使用。四是西班牙极地委员会促进西班牙渔业科学监测与国家极地数据中心和西班牙极地研究圈之间交流合作。

4. 结语

从发现极地大陆起,西班牙在两个极地地区的存在就一直保持不变。西班牙主要通过在极地地区的科学合作解释其在国际合作框架内的责任,使其政策选择多样化。西班牙在极地地区的大部分科学工作都是在南极进行的,而近年来,有一些研究人员开始对北极进行类似的调研。考虑到当今北极的日益开放,西班牙对北极地区表现出越来越大的兴趣,但是除了北极渔业领域,西班牙在北极地区的参与度还不高。西班牙力求通过参与北极地区的科学研究,取得参与北极地区事务的话语权,进而进一步参与北极地区的治理。

(十) 英国的北极政策

2013 年,英国政府发布了第一个北极政策框架《适应变化:英国对北极的政策》①,根据尊重、合作和领导三项原则,阐述了英国在北极环境、人类和商业方面存在的问题和政策。2018 年 4 月,英国外交部发布新一版《适应变化:英国对北极的政策》②,该文件是对 2013 年文件的迭代和更新,新版北极政策更加明确。在新版文件中公布了英国政府处理北极问题的核心:尊重北极国家和人民的权利、北极国家和英国在该地区的领导地位以及通过各种类型的对话促进北极合作,阐述了北极环境、人

---

① "Adapting To Change: UK policy towards the Arctic", https://assets.publishing.service.gov.uk/government/uploads/system/uploads/attachment_data/file/251216/Adapting_To_Change_UK_policy_towards_the_Arctic.pdf.

② "Beyond the Ice: UK policy towards the Arctic", https://assets.publishing.service.gov.uk/government/uploads/system/uploads/attachment_data/file/697251/beyond-the-ice-uk-policy-towards-the-arctic.pdf.

类和商业方面的问题和政策。该文件列出了英国自2013年北极政策发布以来所取得的成就,概述了英国是如何保持最活跃和最具影响力的非北极国家之一的地位,以及未来将会采取什么措施来保持这一地位。文件共由9部分构成:"前言""介绍""投射全球影响力""保护人类和环境""促进繁荣""参考资料和尾注""缩略词""北极国家""北极理事会"。2018年9月,英国发布了第一份《英国国防北极战略》,文件指出扩大在北极的海军部署,加强北极地区军事防御是英国国际安全政策的重要组成分。文件预示着英国将军事安全层面纳入其北极安全政策,将在北极大力发展海军,以应对安全和军事威胁。

1. 英国与北极的关系

由于英国最北部的城镇设得兰群岛的勒威克离北极圈比离伦敦更近,英国自认为其是"北极最亲密的国家"。英国与北极的关系至少跨越几个世纪,可以追溯到发现之旅和极地探险之旅,是通过参与勘探、商业、科学研究和保护区域安全而发展起来的。冷战期间,英国在北极对挪威的领土防御和在具有战略重要性的格陵兰—冰岛—英国和更广泛的北大西洋维持反潜作战能力作出了军事贡献。在20世纪90年代,英国的军事重心向南转移,逐渐淡化对北极的关注。但是在极地科学和创新领域,自1972年以来,英国一直在斯匹次卑尔根群岛的新奥勒松设有一个研究站,与其他北极国家开展科学和研究合作。英国拥有一系列有关极地的科学、学术、法律、金融和商业中心。例如,国际海事组织和奥斯巴委员会的总部设在伦敦。在政府方面,英国的北极利益由外交和联邦事务部的极地部(PRD)协调。PRD专门负责跨白厅北极网络,通过该网络每年举行两次会议,多个部门和机构的代表会参与其中,包括能源和气候变化部、环境、食品和农村事务部、商业、创新和技能部(BIS)、国防部(MoD)、运输部、海事和海岸警卫局以及自然环境研究委员会的北极办公室。① 英国是北极理事会永久观察员中的六个非北极国家之一。作为最初的观察员，英国继续通过在理事会工作小组和专家小组提供科学分析和证据来影响北极理事会的政策。英国政府一直在寻求并致力于定期派遣代表团参加北极地区的各类会议。2015年，英国外交部首席科学顾问罗宾·格莱姆斯教授率领代表团前往北极圈大会，强调英国参与北极事务的广度和深度。英国在北极的科学和创新网络（SIN）团队以及自然环境研究委员会（NERC）北极办公室继续促进英国在所有后续活动中的高质量科学研究和提高其国际合作的知名度和声誉。2016年9月，英国和其他24个国家的代表以及北极土著人民组织的代表出席了在华盛顿举行的第一次北极科学部长级会议。这次会议的目的是提高应对北极地区主要社会挑战的能力，并鼓励各国和土著人民代表之间进一步开展科学合作。英国已经是许多国际科学组织的积极成员，特别是国际北极科学委员会和北极研究运营商论坛。英国也是欧洲极地委员会的成员，该委员会包括北极和南极的所有极地研究机构和极地运营商。

2. 英国的北极政策目标和基本原则

英国的主要外交政策目标是保持北极的和平和稳定。此外，更重要的是，英国认识到北极的绝大多数地区属于八个北极国家的主权管辖范围，他们的领导层对于维持北极地区的安全与和平至关重要。鉴于英国与北极关系很近，以及与全球系统的联系，英国重申其致力于与八个北极国家和该地区的土著人民合作，以维护这一立场。英国的北极政策侧重于三个关键领域的行动和优先事项：一是维持英国的全球影响力。英国具有世

---

① https://publications.parliament.uk/pa/ld201415/ldselect/ldarctic/118/11809.html#footnote-1158-491.

界领先的科学和创新技术，有助于促进全球理解北极变化将在全球产生什么样的后果，并有助于找到应对挑战的新解决方案。二是保护北极人民和环境。英国正坚定地致力于在国内和世界各地实现联合国可持续发展的目标。三是促进北极繁荣。促进北极以可持续和负责任的方式发展经济和商业。

3. 英国北极政策的主要措施

（1）国际合作

英国坚持"全球英国"的愿景，即放眼全球并与英国的国际伙伴合作共同促进北极的繁荣和安全。英国的科学和创新有助于促进全球理解北极变化将对全球产生什么样的影响，并有助于找到应对挑战的新解决方案。英国将通过双边联系和多边论坛，突出英国在北极科学和基础设施的卓越表现，提高其北极研究的声誉，并扩展在北极的合作。

英国坚持"北极理事会是讨论北极可持续发展和环境保护的杰出的政府间区域论坛"的观点。英国将继续向北极理事会未来所有会议派出适当的代表，并在共同感兴趣的领域作出贡献。英国也认识到通过多边组织、联合国海洋法公约（UNCLOS）、国际海事组织（IMO）和《保护东北大西洋海洋环境公约》（OSPAR）进行谈判和协商一致驱动协议的重要性，这将继续为其与北极国家之间的合作和与国际社会合作提供一个额外的平台。英国政府一直在寻求并仍然致力于定期派遣代表团参加此类关于北极的国际会议。

（2）科学研究

开展合作有助于提供更好的解决方案并有助于建立国家之间的信任。由英国自然环境研究委员会（NERC）对促进科研、向决策者提供建议，以及为英国研究人员寻找加入国际研究合作的新机会有重要作用。为应对气候变化，英国政府正在通过NERC投资研究项目，提高对数值模型的理解和预测能力，以便能够更好地预测北极变化的影响和后果。NERC 投资 1600 万英镑参与为期 5 年（2017—2022 年）的研究项目，该项目被称为"北极海洋变化：对海洋生物和生物地球化学的影响"①。英国科学和创新网络（SIN）在 8 个北极国家运作，以支持英国政府的北极政策以及英国的科学家和研究机构，加强英国的研究合作，并就英国政府与国际合作伙伴的参与提供建议和指导。SIN 还促进了双边和多边研究与创新合作，帮助扩大和深化这些关系，并在执行过程中扩大和支持各类项目和方案。这种实际的支持包括促进学术交流，组织突出英国科学和技术实力的活动，并协助当地的能力建设，以扩大未来的合作范围。

（3）保护人类和环境

在空气污染方面，英国政府已确认到 2040 年将停止在英格兰销售所有新的传统汽油和柴油汽车及货车。由政府制定的立法和行动计划表明了英国的减排雄心。苏格兰政府宣布，计划在 2032 年前逐步淘汰汽油和柴油汽车，以鼓励人们使用电动汽车。威尔士政府的目标是每年将威尔士的温室气体排放减少 3%。英国认为可持续和繁荣的地方经济将有助于确保人民的未来发展。英国政府将尊重北极土著人民的观点、利益、文化和传统，直接听取受北极变化影响最大的人们的意见是支持当地可持续发展的强大动力。英国欢迎土著人民加入北极理事会。英国的研究人员致力于倾听土著人民的声音并与土著社区合作，以确保当地社区和科学研究获得最佳成果。涉及这种知识交流的项目是英国—北极奖学金计划的一部分，而 SIN 通过促进土著人民和研究人员之间的合作，鼓励土著人民积极参与主要的北极论坛。

在环境保护方面，英国认为北极环境对各种物种和生活在那里的人们的生计极其重要，保护环境免受污染物和化学物质

---

① GGRiP-poster V2，https:// www.changing-arctic-ocean.ac.uk/wp-content/uploads/2018/03/Crocket-poster.pdf.

的侵害是必不可少的。2018 年 1 月英国发布了一份题为"绿色未来：我们改善环境的 25 年计划"① 的环境政策声明，指出英国将继续应对关键的环境挑战，站在保护和改善自然世界的全球行动的最前沿，推动国际社会采用更高的标准，同时在制定 2020 年后国际生物多样性战略方面发挥主导作用，并发挥积极作用确保达成新的国际协议以保护和可持续利用国家管辖范围以外的海洋区域。在海洋保护方面，保护北极的生物多样性是英国的优先任务。英国政府认为，在国家管辖范围以外的地区建立海洋保护区的最佳方式是实施《联合国海洋法公约》框架下的新协议。为了支持这一协议，英国将继续通过 OSPAR 与其他缔约国和北极国家合作，改善和扩大北极地区海洋保护区提供的保护服务。通过在英国的海外领土和极地周围建立一条"蓝带"，英国可以获得越来越多的有关海洋保护区的管理和执法能力的信息。当个别北极国家和北极理事会考虑建立一个泛北极海洋保护区网络时，英国将分享相关知识和经验，以帮助和支持有效的项目实施。海洋酸化是气候变化带来的另外一个消极影响。海洋酸度的增加降低了碳酸盐离子的浓度，加之海洋变暖带来的危害，极大地破坏了海洋生态系统，其中包括渔业和水产养殖业。海洋噪音也是消极影响之一，英国政府正在与欧盟和 OSPAR 合作，为噪音对海洋环境的影响建立指标和潜在的阈值。海洋垃圾，特别是海洋塑料污染，对环境构成日益严重的威胁。英国政府已经制定了减少垃圾的策略，比如减少一次性塑料袋的数量。英国政府的 25 年环境计划承诺，将在 2042 年年底前实现塑料废物为零的目标。关于塑料废物的来源、分布和影响的研究越来越多，对海洋垃圾的监测和进一步研究

---

① A Green Future: Our 25 Year Plan to Improve the Environment 25-year-environment-plan, https://assets.publishing.service.gov.uk/government/uploads/system/uploads/ attachment _ data/file/673492/25-year-environment-plan-annex1.pdf.

正在进行中，英国将向北极理事会及其工作组提供相关资料和证据，为今后制定关于北冰洋海洋垃圾的政策提供信息。在污染方面，联合国《关于汞的水俣公约》是保护人类健康和环境免受汞不利影响的一项重要全球条约。英国正在制定必要的法律法规，将《压载水公约》纳入英国法律，并强烈支持降低全球航运燃料硫含量上限。英国还打算在国际海事组织制定减少北极水域船舶使用和运输重型燃料措施的讨论中发出强有力的声音。在候鸟方面，英国和北极之间的联系并不仅限于气候系统和海洋系统。联合自然保护委员会（JNCC）通过湿地鸟类调查，一直在监测非繁殖季节北极水鸟类的繁殖种群。JNCC 还为海鸟工作组和北极候鸟倡议（AMBI）的工作提供了技术支持。与此同时，JNCC 还积极为《非洲—欧亚水鸟协定》[①] 的制定作出了贡献，这是一项多边环境协定，其任务与 AMBI 和其他动植物保护倡议的任务有大量重叠。

英国支持北极地区安全、负责任和可持续的旅游模式，使游客能够体验该地区的独特性，尊重当地社区传统，同时支持社区的经济发展，为后代保护脆弱的环境。

除旅游外，北极地区对海上运输也越来越重要。随着气候变化加速北极地区的冰盖融化，北海航线航运量迅速增加。在此方面，英国遵守相关具有约束力的国际法框架，如《极地规则》《国际海上生命安全公约》《防止船舶污染国际公约》，促进极地水域安全和发展对环境无害的航运。

（4）促进北极地区可持续发展

英国致力于推动北极以可持续和负责任的方式发展经济和商业，扶持在北极投资的英国公司，使北极人民受益于不断变

---

① Agreement on the Conservation of African-Eurasian Migratory Waterbirds, AEWA, https://www.cms.int/sites/default/files/document/Inf_03_aewa_agree_text_%26_AP_E_0.pdf.

化的北极带来的繁荣。英国将鼓励本国公司通过北极经济理事会参与北极的经济与商业发展。

贸易路线方面，北极境内的航运路线已经在增加，英国水文办公室作为生产国际航海图表和出版服务的全球领导者，考虑到不断变化的航运模式和新的贸易路线，不断开发和更新其出版物，以支持国际航海。为此，英国航道测量局（UKHO）与北极国家保持着密切的联系，以确保获得最及时的数据来满足国际水手的需求。此外，UKHO 正在提升海洋地理空间信息管理能力，以支持英国的北极利益。这种能力将确保英国的专业知识、科学研究、水文测量、海洋制图和航海信息得到适当的整合，以提供全面和有效的信息管理。英国将继续为 UKHO 寻求北极地区水文委员会的准成员身份，以便与该地区其他国家保持密切联系，并分享英国关于北极水文学的专业知识。

能源和矿产方面，英国政府将继续促进该领域的合作，以确保整个北极地区具有污染应对能力。为了成功地满足客户、投资者和当地社区的需求，采矿运营需要强有力的治理框架和明确的人权政策。

渔业方面，英国政府将继续采取以科学为主导、生态系统为基础的方法，建立和管理北极地区新兴的渔业。英国必须与欧盟和其他北极沿岸国家建立合作关系，以确保鱼类资源的可持续管理。因此，英国将考虑加入相关的区域渔业管理组织，包括任何有能力管理北极地区鱼类资源的组织。

交通和通信方面，增加互联网光纤电缆和良好的宽带覆盖的数字连接已经使北极部分地区受益。在北极不发达和偏远的地区，技术挑战更大。促进研究和发展创新的技术解决方案，考虑土著人民和偏远社区核心人物的意见和需要，将弥合这一差距。欧洲北极国家通过巴伦支海运计划中瑞典、芬兰和俄罗斯的合作计划优先改善运输联系。英国政府通过制定政策来鼓励本国公司参与各类项目，不断为他们的发展探索机会。

金融服务方面，英国是一个全球金融中心，拥有全球领先的金融和专业服务，包括保险、风险管理、金融和法律服务。英国海事商业服务部门为国际航运业提供服务，这对于促进世界贸易和全球经济运转至关重要。随着全球气候金融的变化发展，绿色金融将成为英国金融服务领域日益重要的组成部分。可再生能源成本的下降、化石燃料的多样化、工业和金融竞争的加剧以及对绿色金融产品的高需求都在推动经济增长。在缺乏绿色金融产品和服务的国际标准的情况下，英国标准协会（BSI）制定了一套绿色和可持续的金融管理标准[1]，以促进全球负责任的投资实践，并鼓励该行业的增长。

（5）军事安全

英国认为一个和平、稳定和管理良好的北极是英国政府在北极实施所有政策的基础。英国将通过与国际伙伴和盟友的国防合作、双边和多边安全合作，致力于维护北极地区的稳定和安全。英国认为，北极的安全环境受到了威胁，需要制定一项全面的北极防御战略，其中包括：在北极地区加强海军的部署。英国很可能会恢复其冷战时期在北约北翼海军防御中的作用，特别是加强与美国和挪威的合作。英国还通过联合远征部队（JEF）与三个北极国家（丹麦、瑞典和芬兰）合作，于 2014 年成立一支由英国领导的高水平准备部队，并于 2018 年全面投入使用。鉴于英国海军在保护北部海域安全方面拥有经验，这可能成为欧盟—英国北极合作的一个潜在领域。英国在北极安全中的作用可能会增加，并将由海军领导。英国将自己定义为"接近北极"的国家，旨在恢复其冷战时期的主要任务，即保护进入北大西洋的通道。为了恢复在防卫北方，特别是挪威和挪威海以及冰岛方面的领导地位，英国将继续加强其与区域伙伴

---

[1] UK sets the standards on sustainable finance, https://app.croneri.co.uk/feature-articles/uk-sets-standards-sustainable-finance.

源于历史的军事联系。

4. 结语

英国参与北极地区事务的历史悠久，是最早的北极理事会观察员之一。冷战结束以后，英国北极政策从忽视该地区到对气候变化和环境问题表示关切，再到将北极利益与其更广泛的外交政策利益联系起来，成为"全球英国"愿景的一部分，并试图恢复其海军实力地位。说明英国在其北极政策中更加注重军事安全，这不仅是对该地区日益增长的地缘战略重要性和俄罗斯在北方的军事部署的回应，也反映了英国重新定义的国家身份和渴望发挥的全球作用，表明英国将致力于保持和扩大其在世界上的影响力。虽然英国大胆的地缘战略方针和设想的在北极地区的海军防御作用目前没有通过军事支出获得足够的资源，但政策方向的转变是试图在英国退出欧盟的情况下防止国家衰落的一个方法。

英国北极政策框架重申了其继续在北极事务中发挥重要作用的设想。北极政策指出英国认识到保护北极环境的必要性，同时也使其人民能够蓬勃发展。换句话说，它阐明了英国承诺继续做北极的好邻国，做维护北极利益的负责任的管家。就英国脱欧后的总体北极政策而言，英国政府确认其将是外交政策的一个主要组成部分，包括英国的区域合作以及与北极地区重要国家政府共同采取的具体举措。英国是北极理事会的初始观察员，在地理上经常吹嘘自己是"北极最亲密的邻国"。2018年的英国北极政策文件概述了它在北极地区不断扩大的战略利益。随着俄罗斯在北极的战略政策变得更加强硬，英国要求确认自己在大西洋北极地区获得利益的能力。

英国国际安全政策的一个主要目标是重新部署海军力量，扩大其在北极的海军部署是这一政策方向的重要组成部分。英国的北极安全政策已经从冷战后放弃该地区转变为制定非军事安全方针并重新引入军事防御层面,最显著的是英国国防北极战略(DAS)的宣布,这将是英国国防部编制的第一份此类文件。它将始终遵循过去几年英国北极政策的方向——从采取几乎完全非军事安全的方式逐步转向日益关注军事防御。英国将重点放在扩大在北极的海军部署上,这与英国的全球愿景是一致的,这一愿景是英国更广泛的外交和安全政策方向的基础,并强调重申海军实力和全球海洋影响力。虽然英国恢复北极和北大西洋海军力量的雄心目前受到国防预算资源不足的限制,但这表明英国希望加强与北极国家在历史上根深蒂固的海军防御关系。

(十一) 韩国的北极政策

韩国 2013 年 12 月发布确定《北极政策基本计划》,由一个愿景声明、三个政策目标和四个主要项目组成。这是北极理事会亚洲观察员发表的第一份综合政策文件。2015 年 4 月,韩国海洋水产部发布了《北极政策行动计划》,旨在综合管理韩国在北极地区的各种行动,并推动政府部门间的政策协调。

1. 韩国与北极的关系

韩国参与北极事务的时间较晚,但近 20 年来步伐明显加快。韩国在 20 世纪 90 年代初开始探索北极。1991 年,韩国极光勘探队到达北极。1999 年,韩国与日本地质调查局联合进行了与北极相关的研究,同年年末,其研究人员乘坐中国破冰船探索白令海和楚科奇海。2000 年,根据韩国海洋和渔业部的研究计划,与俄罗斯北极和南极研究所(AARI)在巴伦支海和卡拉海进行了联合海洋调查。2001 年 10 月,韩国北极科学委员会成立,开始独立的北极研究。2002 年 4 月,韩国加入国际北极科学委员会(IASC),紧接着在挪威的斯匹次卑尔根群岛建立了

"茶山"科考站。2009年韩国投资约1亿美元的首艘破冰船"全洋号"(Araon)建成，成为韩国极地研究的主力。此外，韩国还通过北极茶山站与国际组织合作进行科学研究。在其独立开展北极科学研究之后，韩国开始积极参与北极国际治理体系，及北极理事会和北极国家论坛，并在国内层面制定相关政策。2013年5月，韩国被授予北极理事会观察员地位。时任总统朴槿惠将北极事务提升为其任期内"140个国家议程任务"中的优先事项。为了进一步强调北极地区对韩国的重要性，韩国于2015年6月设置专门的韩国北极事务大使。

2. 韩国的北极政策目标和基本原则

《北极政策基本计划》的愿景是"通过全球、区域和地方合作促进北极地区未来的可持续发展"；三个政策目标是建立北极伙伴关系、提高科学研究能力和寻求新的商机；四个主要的项目为：加强北极地区的国际合作；提升科学和技术研究能力；寻找北极地区的商业机会；建立国内机构基础。

2015年4月，韩国海洋水产部出台《北极政策行动计划》，旨在综合管理韩国在北极地区的各种行动，并推动政府部门间的政策协调。其政策目标包括进一步获得北极理事会的信赖；发掘北极共同研究的课题，构建稳定的合作体；建立与北极商业情报的收集和分析相关的制度及体系；等等。这些目标又通过扩大国际合作基础、扩大北极研究范围、构建北极商业基础三大推进战略加以实施，具体包括积极参与北极气候、环境变化及海洋探索的研究项目，加强对朝鲜半岛异常气候的预测能力，构建北极相关地带的空间信息，为成功进军北极航线、推动商业航运进行持续投入，构建水产业进军北极的基础等。

3. 韩国北极政策的主要政策措施

(1) 加强国际合作

包括以下措施：一是扩大对北极理事会活动的参与；二是

参加北极理事会下辖的各工作组工作；三是与其他观察员加强合作；四是建立学术界主导的北极地区研究网络；五是加强科学研究国际合作；六是参加北极地区其他协商论坛；七是加强船舶安全与海洋环境保护合作；八是与北极地区原住民合作，保护北极地区独特的历史、文化和传统知识。

（2）提升北极地区科学技术研究能力

一是在茶山站扩大研究范围和能力；二是扩建茶山站规模；三是利用ARAON进行全面的北冰洋综合研究；四是建立北极研究联盟；五是与北极国家共同建立极地研究国际合作中心；六是加强对极地和全球气候变化的研究；七是寻求与北极沿海国家和附近地区的合作，开展北极空间信息开发项目；八是与北极区域水文委员会（ARHC）合作，为北极未绘制的水域提供安全的航海图；九是利用北极科学基础设施进行气候变化预测研究；十是建造第二艘研究破冰船。

（3）开发北极地区可持续发展商业模式

一是积累北极航线航行经验；二是提供激励措施，鼓励使用北极航线；三是开展国际联合研究并主办研讨会，增加北极航线的使用频率；四是发展北冰洋运营商的能力；五是为可持续北极资源勘探合作奠定基础；六是与相关渔业组织合作，进行可持续渔业资源管理；七是发展极地级船舶的造船和安全技术；八是开发用于深水资源开发的技术。

（4）在国内建立关于北极的相关政府机构和政策法规基础

一是建立制度基础，制定国家极地政策；二是建立极地信息服务中心。

4. 结语

韩国参与北极事务的时间较晚，但近20年来步伐明显加快，是最早发布北极政策的北极理事会亚洲观察员。虽然韩国的《北极政策行动计划》更像是一份为未来制订全面的北极政策做铺垫的预备计划，但透过其参与北极的身份定位和政策目标等初步描绘了韩国北极政策的立场以及对北极利益的认知。韩国的综合实力决定了它塑造外部政治环境的能力有限，这意味着韩国的北极利益存在较大的不确定性。为了尽可能减少这种风险，韩国的对策是与更多的国家结伴、跟随大国而行，尽可能参与俄、美同时参加的北极多边组织，将北极兴趣保持在较纯粹的商业利益和科学研究上，这是实现其北极利益的较好选择。韩国在北极利益的优先领域是拓展产业机会，尤其是北极能源领域和造船业，北极科学研究是韩国北极利益的"名片"。2013年韩国成为北极理事会观察员后，更加重视参与各工作组的活动，这进一步推动了韩国对北极科学研究的投入。

总体而言，韩国的北极利益主要集中在经济领域，韩国实现北极利益的挑战主要来自北极地缘政治关系的不稳定性。对韩国而言，尽可能维持韩俄关系是其北极国际合作的关键，而强化北极科学研究有助于韩国在一个大致稳定的国际政治环境中营造对其实现北极利益有利的环境和相对优势。

（十二）北约的北极政策

气候变化的加速提升了北约国家对于北极地区的关注度和重视程度。其中，北约五个国家——加拿大、丹麦、冰岛、挪威和美国占据了北极理事会的过半席位，直接影响了北约对于北极的政策和战略选择，加之多国对北极地区的关注，促使北约提升北极地区的战略定位，并积极制定与北极相关的机制与计划。2017年10月，北约议会发布了《北约与北极安全》报告，报告主要分为北极和欧洲—大西洋安全、气候变化对北极的安全影响、北极与北约—俄罗斯的关系、中国在北极的参与度不断提高、结论和建议五大部分，对北约的北极活动和政策制定进行指导。

1. 北约与北极

北极一直是欧洲大西洋安全的重要战略区域。北极理事会的八名成员中有五名也是北约的成员国——加拿大、丹麦、冰岛、挪威和美国。由于北极重要的战略意义，在冷战期间，北极处于北约安全议程的首位。但随着苏联解体以及北约与华约国家之间对抗的结束，北极重要性大大降低。冷战结束后，北极的战略要务发生了巨大变化。北极国家的对话集中于非军事安全挑战。但是，由于北极地区的气候变暖和各国重新在该地区开展地缘政治竞争，北极对北约的安全再次起到了至关重要的作用。北极国家之间希望密切合作，以应对共同的挑战，并通过外交手段解决领土争端。但是，北极在国际议程上的重新崛起以及俄罗斯与北约盟国之间紧张关系的加重，都可能使北极成为战略竞争的舞台。北约盟国对俄罗斯在北极的意图以及该地区军事力量的增加存在矛盾的看法，但是就该地区对北约安全的重要性达成了普遍共识。在2016年7月的华沙峰会上，北约重申愿意加强包括北大西洋在内的所有边界的安全。同样，所有北极国家都发布了国家北极战略文件，反映出对该地区兴趣的增加。尽管所有国家战略都强调了北极地区当前的稳定与和平合作，但北冰洋的所有五个沿岸国家都将国家主权作为其优先事项之一。

2. 北约的北极安全政策出台的背景

一是气候变化对北极安全影响。北约认为北极冰层的稳定融化带来了新的经济机遇，同时也带来了新的安全挑战。北极迅速变暖，预计海冰覆盖率也会下降，这导致海上交通增加，北极地区的未开发资源（估计占世界石油和天然气储量的25%）在该地区产生了强大的商业利益。北极冰盖融化和水温变化也提供了对世界上最丰富渔业资源进行探索的机会，并可能对北极现有的商业渔业分布和丰富程度产生影响。非北极国家被这些经济机会（航运、渔业和能源）吸引，对北极越来越感兴趣，这带来了新的地缘政治挑战。这些挑战既包括在北极部署军事资产带来的传统安全问题，也包括开采地球上尚未开发的储量最大的碳氢化合物区域形成的挑战。二是应对俄罗斯在北极的军事部署。北约盟国提高对北极的态势意识，认为要加强北约应对俄罗斯在北极的军事态势。三是对中国在北极的参与度不断提高的警惕。北约认为中国在北极地区的行动与北约盟国的安全利益有关，该地区的事态发展影响了欧洲的经济和政治稳定。

3. 北约参与北极事务的主要政策主张

一是在北大西洋理事会（North Atlantic Council）发起北约盟国之间的对话和信息交流，其中包括外部专家，为盟国提供气候变化对北极影响的最新评估。北约鼓励盟国执行现有的国际气候协定，并寻求更多的机会在减少温室气体方面开展多边合作。二是在北约总部成立一个"北极工作组"，确定气候变化对北极和北极沿岸国家的安全影响；审查该区域盟军的基础设施需求，特别是搜救和通信能力方面的需求；确定北约在北极的领土安全是否易受到非北约国家影响；评估北约在北极地区的威慑、防御和海上态势；分析俄罗斯在该地区不断变化的军事态势和行动，以及中国在高北地区的战略和可能对北极安全产生的影响；每年就这些问题向北约议会提交报告；在北极理事会的职权范围内或理事会审议的问题上，服从其决定。三是制定计划，帮助北极沿岸盟国提高在北极的搜救能力。四是加强北约盟军在北极地区的演习。这将使参与国部队熟悉在恶劣气候条件下的行动，也是提高搜救能力的先决条件。

4. 结语

随着北极冰层继续融化，非北约国家重新评估其北极政策，北约需要在成员国之间进行协调，以提高其在北极地区的关注度。北约认为，世界各国正在追求北极地区的经济和安全利益，这可能会影响目前脆弱的北极的稳定性。受气候变化的驱动，北极地区人类的活动日益频繁，在全球经济中的作用越来越大，这可能会加剧北极地区的紧张局势。北约意识到北极的重要性，认为北极地区的安全、环境和经济发展需要北约全面参与。

（十三）欧盟的北极政策

2016年4月，欧盟发布关于"欧盟北极综合政策"的联合通讯。文件重申了欧盟在北极的战略利益，确认了欧盟关于北极的三个优先事项，分别是环境、可持续发展和国际合作。同时文件强调了所有北极的研究、科学和创新的重要性。《与欧洲议会和理事会关于欧盟北极综合政策的联合通讯》[①] 共由5部分构成："介绍""气候变化和保护北极环境""北极内外的可持续发展""北极问题的国际合作""结论和下一步"。

1. 欧盟与北极的关系

由于独特的历史、地理、经济等因素，欧盟与北极地区有着千丝万缕的联系。欧盟与北极发生联系主要是通过1973年丹麦（连同其海外领地格陵兰岛）加入欧共体来实现的。随着冰岛、挪威成为1994年组建的欧洲经济区的成员国以及1995年芬兰、瑞典加入欧盟之后，北极又回到了欧盟的议程上。欧盟在"北方维度"（ND）成为区域论坛的过程中发挥了关键作用。北方维度向非政府利益攸关方提供了一个对话、合作和外联的

---

① joint-communication-an-integrated-european-union-policy-for-the-arctic, https://eeas.europa.eu/archives/docs/arctic_region/docs/160427_joint-communication-an-integrated-european-union-policy-for-the-arctic_en.pdf.

框架，该框架主要围绕四种伙伴关系组织，特别是北方维度环境伙伴关系（NDEP）。1999年北方维度作为欧盟的政策启动，2006年成为与冰岛、挪威和俄罗斯的联合政策。尽管欧盟承认，北极政策的主要责任在于北极国家本身，但北极国家中有三个国家也是欧盟成员国，这意味着北极实际上是欧盟内部政策的一个对象。欧盟自2017年9月以来任命了一名"欧盟北极大使"，以提高广大公众和欧盟伙伴对北极问题的认识，并与之开展讨论。

2007—2008年以来，欧盟主要机构制定了一套专门的与北极有关的文件，明确了立场。2008年，欧盟委员会向欧洲议会和欧盟理事会提交了"欧盟与北极地区"交流文件。该通讯的发布受到欧盟各界的欢迎，被认为是"迈向欧盟北极政策的重要一步"。2009年12月欧盟理事会通过"北极问题决议"。至此，欧盟的北极战略基本形成。

到2019年，欧盟已经编写了10份北极政策文件：委员会（和高级代表）的3份（联合）通讯；理事会的3份相关结论；欧洲议会的4项决议。从本质上说，这些文件确认欧盟是北极的一部分，而且欧盟与北极之间存在着相互影响的联系。

2. 欧盟北极政策目标和基本原则

2008年"欧盟与北极地区"的交流共有五个部分："介绍""与当地人口共同保护和维护北极""促进资源的可持续利用""促进加强北极多边治理""结论"。[①] 欧盟理事会关于北极问题的决议包括三个方面的内容，即欢迎欧盟委员会的通讯及其确立的三个目标；制定欧盟北极政策坚持的五个原则；制定欧盟

---

① The European Union and the Arctic Region-communication from the commission to the european parliament and the council 20 november 2008, https://eeas.europa.eu/archives/docs/arctic_region/docs/com_08_763_en.pdf.

北极政策下一步采取的23点措施。23点措施是对"欧盟与北极地区"中三个政策目标的补充与强化。首先，保障和维护北极地区及其居民的权利。其次，促进资源的可持续开发利用。再次，促进北极多边治理。

欧盟理事会决议中所确立的欧盟北极政策的五个原则，实际上是进一步强化了欧盟北极战略：第一，要通过国际社会采取足够措施，缓解气候变化，保护北极地区的独特特征；第二，多边治理的基础是《联合国海洋法公约》及其相关国际机制；第三，强化多边治理，加强和执行相关国际、地区或双边达成的协议、框架；第四，制定和执行欧盟的行动与政策（包括一体化海洋政策及行动方案、北方政策）要尊重北极的独特特征，尤其是敏感的生态系统和生物多样性，以及尊重包括北极原住民在内的居民的需求与权利；第五，在运输、资源开发与利用等方面，要以负责任的态度谨慎进行，以确保可持续发展，促进北极地区的和平与稳定。2016年关于"欧盟北极综合政策"的联合通讯在其前身的基础上，确认了欧盟关于北极的三个优先事项，分别是环境、可持续发展和国际合作。

在环境和气候变化方面，欧盟北极政策的主要目标是防止和减轻气候变化的负面影响，并支持适应不可避免的变化。

在帮助土著人民和当地居民方面，欧盟北极土著人民受到欧洲共同体法律特别规定的保护。"关于欧盟发展政策的联合声明"的一项关键原则是土著人民的自由、充分参与权和知情同意权。

在研究、监测和评估方面，欧盟北极政策的目标是保持北极作为一个优先研究领域，以缩小知识差距并评估未来的人为影响，特别是在气候变化领域。此外，北极政策应加强国际合作和相互操作性，并有助于制定预防、缓解和适应气候变化的具体步骤。

在碳氢资源开发方面，欧盟北极政策的目标是：应在充分尊重严格的环境标准的情况下，支持开发北极碳氢化合物资源，同时考虑到北极的特殊性和脆弱性，应保持欧盟在极地条件下可持续开发资源技术方面的优势。

在渔业方面，欧盟北极政策的目标是确保可持续地开发北极渔业资源，不仅要确保捕鱼机会，而且要保证渔业资源的长期养护和最佳利用。

在运输方面，欧盟北极政策的目标是探索和改善逐步引进北极商业航行的条件，同时促进更严格的安全和环境标准，避免有害影响，以符合欧盟的利益。同样，成员国和共同体应捍卫航行自由原则和在新开放的路线及地区无害通过的权利。

在北极旅游业方面，欧盟北极政策的目标是继续支持可持续的北极旅游业发展，为尽量减少其环境足迹做出努力。保护环境和维护当地沿海社区的利益应是首要考虑因素。

欧盟关于北极治理问题的政策目标：一是致力于进一步发展以"海洋法公约"为基础的北极合作治理制度，以确保安全与稳定、严格的环境管理，包括尊重预防原则、可持续地利用资源以及开放和公平地获得资源。二是提倡充分履行现有义务，而不是提出新的法律文书。然而，这不应排除进一步开展某些框架制定工作，以适应新的条件或北极的具体情况。三是促进广泛对话和寻找谈判解决办法，而不是支持将任何北极欧盟成员国或北极欧贸联成员国排除在外的安排。四是将北极方面的考虑纳入更广泛的欧盟政策和谈判。

3. 欧盟北极政策的主要措施

欧盟北极政策的三个优先领域，分别是气候变化和北极环境保护、北极及其周边的可持续发展、北极问题国际合作。欧盟将在这三个领域开展行动，重视研究、科学和创新，同时与北极国家、机构、土著人民和当地社区合作。优先领域的行动应有助于执行"2030 年议程"，并符合联合国 2015 年 9 月通过的 17 项可持续发展目标。

（1）气候变化和北极环境保护

一是加强对科学研究的支持力度，包括北极研究资金（地平线 2020 和 ESIF）、欧洲北极网倡议、空间项目、泛北极研究项目。二是为应对北极气候变化带来的挑战，欧盟的目标是满足巴黎协定要求，将全球平均气温增幅限制在 2℃ 以下，并努力将升温限制在 1.5℃ 以下。欧盟已经承诺到 2030 年将其温室气体总排放量与 1990 年的水平相比减少 40%，到 2050 年减少 80%。2030 年的承诺将通过根据"巴黎协定"执行国家决定的贡献来实现目标。欧盟还承诺将欧盟预算的 20% 用于实现与气候有关的目标。三是继续参与与北极特别相关的多边环境协定，支持逐步淘汰有机污染物、反对入侵物种的措施，制定石油和天然气标准，并鼓励执行这些协定，包括保护海洋环境的义务。

（2）北极及其周边的可持续发展

一是支持在北极部署创新技术。通过地平线 2020 的创新基金计划、数字单一市场战略为项目提供资金。二是设立一个欧洲北极利益攸关方论坛，为了确定关键的投资和研究优先事项，制定计划以加强欧盟不同供资方案之间的合作与协调。三是加强对北极地区的投资。"欧洲投资计划"已投入运作，有可能用于支持北极欧洲部分的基础设施项目，包括格陵兰。四是利空航空航天技术服务北极。欧盟将通过全球环境展望和寒冷地区倡议促进建立一个综合的泛北极观测系统，以此作为研究、预测和评估支持该区域可持续发展的重要工具。五是通过创新技术和开发工具，监测北极日益增多的海上活动，加强搜索和救援，加强北极的航行安全。

（3）北极问题国际合作

欧盟通过联合国及其专门机构（"联合国气候变化框架公约"、国际海事组织和国际民用航空组织）和附属机构（联合国环境规划署）在国际层面处理与北极直接相关的问题。

一是国际组织和论坛。在相关的联合国论坛上展示积极的谈判立场，鼓励所有国家和地区承担起各自的责任，尤其是在气候变化和环境保护方面，同时也应在新出现的挑战（如海上安全和陆地及海洋资源的可持续管理）方面承担责任。二是双边合作。与包括加拿大、俄罗斯和美国在内的所有北极伙伴合作，以确定科学和投资等进一步的合作领域。欧盟还将与中国、印度、日本、韩国和新加坡等对北极越来越感兴趣的国家就共同关心的问题进行接触。三是与北极土著人民对话。欧盟将继续与北极土著人民和当地社区接触，以确保他们的意见和权利在正在制定的影响北极的欧盟政策中得到尊重和维护。四是渔业管理。与北极国家共同管理北极地区渔业资源，制定防止北冰洋中部不受管制的公海渔业的协定。五是科学技术合作。通过支持跨国获取研究基础设施和开放数据资源，促进有效的国际科学合作，改善政治和经济联系，并与北极主要国家保持良好关系。

4. 结语

环北极八国中的五国都是欧盟成员国，欧盟因此参与北极地区事务。环北极欧盟五国也希望在欧盟框架下形成合力，参与北极地区国际治理体系。由于北极和全球的气候变化，将导致北极国家以及北极利益攸关方为争夺北极的能源、渔业、航运、军事资源等开展地缘政治博弈，因此环北极欧盟五国有可能抱团取暖，积极支持欧盟，积极参与北极地区事务，同欧洲域外国家形成合力，维护其在北极地区的各项权力和利益。欧盟近年来也加大了参与北极地区事务的力度，任命了专门的北极大使，出台各项政策和具体行动计划，全方位参与北极地区事务，同时积极努力申请获得北极理事会观察员地位，在未来一段时间，欧盟将会持续加大对北极地区的关注和参与力度，维护北极地区的安全稳定，保障欧盟成员国的北极利益。

参考文献

一 专著

1）［芬］拉塞·海宁恩、杨剑：《北极合作的北欧路径》，时事出版社2019年版。

2）［加］迈克尔·拜尔斯（Michael Byers）：《国际法与北极》，陈子楠译，时事出版社2020年版。

3）［美］巴里·洛佩兹：《北极梦：对遥远北方的想象与渴望》，张建国译，广西师范大学出版社2017年版。

4）［美］约翰·F. 霍菲克尔（John F. Hoffecker）：《北极史前史》，崔艳嫣、周玉芳、曲枫译，社会科学文献出版社2020年版。

5）国家海洋局极地专项办公室：《北极海域物理海洋和海洋气象考察》，海洋出版社2016年版。

6）车德福：《经略北极：大国新战场》，航空工业出版社2016年版。

7）邓贝西：《北极安全研究》，海洋出版社2020年版。

8）范厚明、蒋晓丹、刘益迎：《北极通航环境与经济性分析》，大连海事大学出版社2019年版。

9）国家海洋局极地专项办公室：《北极地区环境与资源潜力综合评估》，海洋出版社2018年版。

10）国家海洋局极地专项办公室：《北极海洋化学与碳通量考察》，海洋出版社2016年版。

11）国家海洋局极地专项办公室：《北极海域地球物理考察》，海洋出版社 2016 年版。
12）国家海洋局极地专项办公室：《北极海域海洋地质考察》，海洋出版社 2016 年版。
13）国家海洋局极地专项办公室：《北极海域海洋生物和生态考察》，海洋出版社 2016 年版。
14）国家海洋局极地专项办公室：《北极海域物理海洋和海洋气象考察》，海洋出版社 2016 年版。
15）李浩梅：《北极航运的多层治理》，海洋出版社 2017 年版。
16）刘惠荣：《北极蓝皮书：北极地区发展报告（2017）》，社会科学文献出版社 2018 年版。
17）刘惠荣：《北极蓝皮书：北极地区发展报告（2018）》，社会科学文献出版社 2019 年版。
18）刘惠荣：《北极蓝皮书：北极地区发展报告（2019）》，社会科学文献出版社 2020 年版。
19）刘惠荣：《北极蓝皮书：北极地区发展报告（2020）》，社会科学文献出版社 2021 年版。
20）刘惠荣、李浩梅：《国际法视角下的中国北极航线战略研究》，中国政法大学出版社 2019 年版。
21）陆俊元、张侠：《中国北极权益与政策研究》，时事出版社 2016 年版。
22）王春娟、刘大海：《北极油气资源开发利用路径研究》，海洋出版社 2019 年版。
23）肖洋：《北极国际组织建章立制及中国参与路径》，中国社会科学出版社 2019 年版。
24）杨楚鹏等：《北极海洋地质与资源环境图集》，海洋出版社 2020 年版。
25）余春：《北极航道：改变世界的未来》，上海交通大学出版社 2021 年版。

26）余兴光：《北极快速变化与海洋生态系统响应》，海洋出版社 2016 年版。

27）张海生：《北极海冰快速变化及气候与生态效应》，海洋出版社 2015 年版。

28）章成：《北极大陆架划界的国际法问题研究》，武汉大学出版社 2020 年版。

29）朱广峰：《北极海洋环境法律规制的变迁与中国参与》，海洋出版社 2019 年版。

30）邹磊磊：《北极渔业及渔业管理与中国应对》，中国海洋大学出版社 2017 年版。

31）Burke Ryan Patrick, *The Polar Pivot: Great Power Competition in the Arctic and Antarctica*, Lynne Rienner Publishers, Inc. 2021.

32）Downie and Terry Fenge, *In Northern Lights Against POPs: Combatting Toxic Threats in the Arctic*, Montreal: McGill Queen's University Press, 2003.

33）Neloy Khare, *Climate Change in the Arctic: An Indian Perspective*, CRC Press, 2021.

二 学术论文

1）В. Ф. 佩切利察、陈思旭：《俄中北极合作：国家利益与战略价值》，《俄罗斯学刊》2021 年第 4 期。

2）白佳玉、李静：《美国北极政策研究》，《中国海洋大学学报（社会科学版）》2009 年第 5 期。

3）曹俐、刘思纯：《美国北极能源政策：战略考量与政策实践》，《海洋经济》2021 年 11 月 19 日。

4）曾望：《北极争端的历史、现状及前景》，《国际资料信息》2007 年第 10 期。

5）常欣：《欧盟北极政策——对欧盟北极政策相关文件的解读》，《区域与全球发展》2021 年第 4 期。

6) 陈秀武:《"海洋命运共同体":国际关系的新基点与构建新国际关系理论的尝试》,《社会科学战线》2021年11期。

7) 陈玉刚、陶平国、秦倩:《北极理事会与北极国际合作研究》,《国际观察》2011年第4期。

8) 程群:《浅议俄罗斯的北极战略及其影响》,《俄罗斯中亚东欧研究》2010年第1期。

9) 戴瑜:《"冰上丝绸之路"倡议下北极航道的中国话语权构建》,《理论界》2021年第8期。

10) 东凯、胡麦秀:《北极航道的经济研究综述》,《海洋开发与管理》2021年9月26日。

11) 董跃:《论海洋法视角下的北极争端及其解决路径》,《中国海洋大学学报（社会科学版）》2009年第3期。

12) 高飞、王志彬:《俄美北极东北航道航行自由争端分析及中国因应》,《西伯利亚研究》2021年第5期。

13) 郭培清、孙凯:《北极理事会的"努克标准"和中国的北极参与之路》,《世界经济与政治》2013年第12期。

14) 郭舜:《俄罗斯加大北极军事力量建设》,《军事文摘》2021年第17期。

15) 何奇松:《气候变化与北极地缘政治博弈》,《外交评论（外交学院学报）》2010年第5期。

16) 贺书锋、平瑛、张伟华:《北极航道对中国贸易潜力的影响——基于随机前沿引力模型的实证研究》,《国际贸易问题》2013年第8期。

17) 黄凤志、冯亚茹:《俄罗斯的北极政策探析》,《吉林大学社会科学学报》2021年第5期。

18) 黄志雄:《北极问题的国际法分析和思考》,《国际论坛》2009年第6期。

19) 贾宇:《北极地区领土主权和海洋权益争端探析》,《中国海洋大学学报（社会科学版）》2010年第1期。

20）姜苗苗、胡麦秀：《不同航运模式下北极东北航道航运经济性评估》，《极地研究》2021年8月24日。

21）姜振军：《中俄共同建设"一带一路"与双边经贸合作研究》，《俄罗斯东欧中亚研究》2015年第4期。

22）焦敏：《气候变化对北极渔业资源影响的初步研究》，上海海洋大学博士论文，2016年。

23）康文中：《大国博弈下的北极治理与中国权益》，中共中央党校博士论文，2012年。

24）李兴、董云：《中俄共建"冰上丝绸之路"的地缘政治经济分析》，《人文杂志》2021年第10期。

25）李振福：《北极航线的中国战略分析》，《中国软科学》2009年第1期。

26）李振福：《大北极国家网络及中国的大北极战略研究》，《东北亚论坛》2015年第2期。

27）李振福：《地缘政治理论演变与北极航线地缘政治理论假设》，《世界地理研究》2010年第1期。

28）刘惠荣、李浩梅：《北极航线的价值和意义："一带一路"战略下的解读》，《中国海商法研究》2015年第2期。

29）刘新华：《试析俄罗斯的北极战略》，《东北亚论坛》2009年第6期。

30）陆俊元：《北极地缘政治竞争的新特点》，《现代国际关系》2010年第2期。

31）罗英杰、李飞：《大国北极博弈与中国北极能源安全——兼论"冰上丝绸之路"推进路径》，《国际安全研究》2020年第2期。

32）马腾、李永宁、李一杰、李银河、杜德斌、胡志丁：《北极地缘环境解析与中国的应对之策——以"冰上丝绸之路"为例》，《热带地理》2021年11月3日。

33）马英杰、吉磊：《中国在北冰洋的环境权益探索》，《中国海洋大学学报（社会科学版）》2021 年第 5 期。

34）孟德宾：《北极航道对全球贸易格局的影响研究》，上海社会科学院博士论文，2015 年。

35）时梓铭：《环北极国家北极战略综述》，《中国水运（下半月）》2021 年第 10 期。

36）孙凯、郭培清：《北极治理机制变迁及中国的参与战略研究》，《世界经济与政治论坛》2012 年第 2 期。

37）孙凯、张现栋：《双层博弈视角下丹麦政府的北极政策》，《中国海洋大学学报（社会科学版）》2021 年第 5 期。

38）孙豫宁：《北极治理模式研究》，外交学院博士论文，2012 年。

39）唐尧：《从〈北极海运评估报告〉看中国参与北极治理》，《辽东学院学报（社会科学版）》2021 年第 5 期。

40）陶平国：《北极主权权利争端研究》，复旦大学博士论文，2009 年。

41）王丹、张浩：《北极通航对中国北方港口的影响及其应对策略研究》，《中国软科学》2014 年第 3 期。

42）吴淼、王丽贤、郝韵、贺晶晶、张小云：《基于政策视角的俄罗斯海洋研究活动特征分析及启示》，《世界科技研究与发展》2021 年 11 月 15 日。

43）吴琼：《北极海域的国际法律问题研究》，华东政法大学博士论文，2010 年。

44）武炳义、卞林根、张人禾：《冬季北极涛动和北极海冰变化对东亚气候变化的影响》，《极地研究》2004 年第 3 期。

45）夏立平：《北极环境变化对全球安全和中国国家安全的影响》，《世界经济与政治》2011 年第 1 期。

46）肖洋：《北极治理规范供给过剩与有限融合》，《国际政治科学》2021 年第 3 期。

47）闫力：《北极航道通航环境研究》，大连海事大学博士论文，

2011 年。

48）杨楠：《中俄北极可持续发展议题合作的新方向》，《辽东学院学报（社会科学版）》2021 年第 5 期。

49）叶滨鸿、程杨、王利、杨林生：《北极地区地缘关系研究综述》，《地理科学进展》2019 年第 4 期。

50）于会录、李飞、林英华、崔亚婷：《国家需求结构演变理论及其应用——以中俄北极合作为例》，《地理研究》2021 年第 9 期。

51）张丹、王敏、甘萌雨、杨林生：《北极旅游影响因素研究进展》，《资源科学》2021 年第 8 期。

52）张江河、张庆达：《对极地地缘政治走势的新探析》，《吉林大学社会科学学报》2021 年第 5 期。

53）张然、孙卓、李一鸣、高远：《北极东北航线通航对中欧贸易潜力的影响——基于空间可计算一般均衡模型的模拟分析》，《国际经贸探索》2021 年第 9 期。

54）张胜军、李形：《中国能源安全与中国北极战略定位》，《国际观察》2010 年第 4 期。

55）张侠、屠景芳、郭培清、孙凯、凌晓良：《北极航线的海运经济潜力评估及其对我国经济发展的战略意义》，《中国软科学》2009 年第 2 期。

56）张雪冬：《俄罗斯北极战略下的能源政策与航道政策》，中国海洋大学博士论文，2012 年。

57）赵伯华：《北极东北航道通信保障方式研究》，《数字通信世界》2021 年第 10 期。

58）朱刚毅：《北欧五国北极安全合作的特点、动力与困境》，《战略决策研究》2021 年第 5 期。

59）朱雄关：《"一带一路"背景下中国与沿线国家能源合作问题研究》，云南大学博士论文，2016 年。

60）朱燕、王树春：《新版俄罗斯北极政策：变化、原因及特点》,《中国海洋大学学报(社会科学版)》2021 年第 5 期。
61) 邹磊磊:《南北极渔业管理机制的对比研究及中国极地渔业政策》,上海海洋大学博士论文,2014 年。
62) Altiparmak Suleyman Orhun, Arctic Drilling in the United States energy revolution context: An accumulated story in environment vs energy contradiction, *Energy Policy*, Vol. 156, No. 1, 2021.

三　网站

1) 美国白宫:https://www.whitehouse.gov/
2) 北极理事会:https://arctic-council.org/
3) 北极图书馆:http://library.arcticportal.org/
4) 北约议会大会:https://www.nato-pa.int/
5) 波兰政府:https://www.gov.pl/web/premier
6) 德国联邦政府:http://www.bundesregierung.de/
7) 俄罗斯政府:http://government.ru/en/
8) 法国外交部:http://www.diplomatie.gouv.fr/fr/
9) 芬兰政府:https://valtioneuvosto.fi/etusivu
10) 格陵兰政府:http://uk.nanoq.gl/
11) 国家海洋局:http://www.soa.gov.cn/
12) 韩国外交部:https://www.mofa.go.kr/eng/index.do
13) 荷兰外交部:https://www.rijksoverheid.nl/ministeries/ministerie-van-buitenlandse-zaken/
14) 加拿大北极资源委员会:https:/carc.org/caribou/
15) 联合国:https://www.un.org/
16) 美国国防部:http://www.defense.gov
17) 美国国土安全部:https://www.dhs.gov/
18) 美国海军:http://www.navy.mil
19) 美国海军陆战队:http://www.usmc.mil
20) 美国空军:http://www.af.mil

21）美国陆军：http://www.army.mil
22）挪威政府：https://www.regjeringen.no/no/id4/
23）欧盟委员会：www.ec.europa.eu
24）瑞典政府：https://www.government.se/
25）笹川和平财团：https://www.spf.org/en/
26）西班牙科学与创新部：https://www.ciencia.gob.es/
27）意大利外交部：https://www.esteri.it/it/
28）英国外交和联邦事务部：https://www.gov.uk/government/organisations/foreign-commonwealth-office
29）中华人民共和国国务院新闻办公室网：http://www.scio.gov.cn/index.htm

后　　记

　　北极地区蕴含着丰富的自然资源，开发潜力巨大，是未来发展的一大热点区域，受地理因素的限制，全球大部分国家难以介入北极地区的议题，而致力于北极事务的北极理事会由于俄乌冲突的原因已于2022年暂停，这无疑给北极地区的发展带来了极大阻碍与不确定性。以俄罗斯、美国为代表的主要北极国家在北极地区动作不断，都在积极增加在北极的军事存在，其中美国更是强调与盟友合作以保障欧洲、北美地区的安全态势，在国际社会沟通不畅的背景下，可能诱发对抗。

　　本报告收集分析的各国北极政策截止到2021年年底。随着国际局势的不断变化，相关国家也在不停地调整出台一些新的北极政策，可与本报告结合使用。以美国为例，美国曾先后于1971年、1983年、1994年和2009年出台四份"北极政策指令"，美国自2010年在《国家安全战略》中将自身定位为北极国家后，已发布多版聚焦北极地区的国家战略。2013年发布首份《北极地区国家战略》，2022年10月发布新版的《国家安全战略》。新版《北极地区国家战略》则在承继美国以往北极战略布局的基础上作出明显调整，从国内、国际两个维度对新形势下美国在北极事务上的行动议程作出规划，文件中首度将"维护北极和平"列为重点关注的七大战略方向之一。2022年8月，美国国务院宣布任命专门负责北极地区事务的"大使"。同年9月，美国国防部宣布成立北极战略与全球应对办公室。2024年

7月22日，美国国防部发布《2024年北极战略》，这是自2019年以来美国国防部对北极战略的首次更新。该战略文件长达18页，包括执行摘要、美国在北极的防卫利益、战略环境、应对新挑战的防卫途径和结论五个部分，阐述了新形势下美国国防部的北极战略。战略声明美国是一个北极国家，北极地区对保卫家园、保护美国国家主权和美国的国防条约承诺至关重要。虽然美国国防部高级官员表示，该战略旨在维护北极地区安全稳定，但外界普遍认为，其可能加剧北极地区的竞争与对抗，引发地区冲突进一步升级。

本报告在编写过程中得到了业内各位专家、学者、老师以及外交学院同学的指导和帮助，在此一并感谢！本人深知，自己对北极地区的研究还很欠缺，报告中不足之处还请各位老师和同行批评指正。

郭金峰，男，法学博士，副研究员，毕业于外交学院，现在中国社会科学院工作。主要研究方向为俄罗斯及中亚问题、大国战略、国际传播等，在《俄罗斯东欧中亚研究》《国外社会科学》《人民论坛》等期刊发表多篇学术文章。guojf@ cass. org. cn（13911813537）